Zu diesem Buch

Wie sollen wir uns verhalten gegenüber der «Schlaraffisierung» der Kindheit, wenn jeder Kinderwunsch prinzipiell sofort erfüllt werden kann und etliche Erwachsene darum wetteifern, dem oder der Kleinen «wenigstens materiell» etwas zu bieten?

In reichen Gesellschaften können rund zwei Drittel der Eltern ihren Kindern nicht mehr mit dem handfesten Argument kommen: «Dafür haben wir kein Geld.» Denn die Kinder erleben ja täglich, daß bei Mami oder Papi, Oma oder Opa, bei Onkeln und Tanten Geld genug vorhanden ist für Berge von Krimskrams. Warum also nicht für das fünfzehnte Sweatshirt, das dritte Fahrrad (ein Mountainbike), das neueste Computerspiel, die vierte Auslandsreise im Jahr?

Wenn Geld also keine entscheidende Rolle mehr spielt bei der Eindämmung der unaufhörlich sprudelnden Konsumwünsche unserer Kinder, was dann?

Astrid von Friesen: «Ich möchte Mut machen zu einer Haltung, die man als Neue Bescheidenheit bezeichnen könnte und die sich gerade in Familien mit sehr viel Geld ankündigt. – Es geht mir nicht um eine Antikonsum-Ideologie, sondern um partiellen Konsumverzicht, um Eigenschaften wie Kreativität, Phantasie, Freudefähigkeit und darum, so altmodische Gefühle wie Dankbarkeit und Zuwendung zum anderen verstärkt zu fördern.»

Astrid von Friesen: geboren 1953, studierte Pädagogik, Psychologie, Psychotherapie und Soziologie in Hamburg, wo sie auch lebt. Anschließend absolvierte sie eine Ausbildung zur Journalistin, u.a. bei der «Zeit». Ihr erstes Buch war die Biographie «August Macke – ein Malerleben» (1989).

Astrid von Friesen

Geld spielt keine Rolle

Erziehung
im Konsumrausch

rororo

Rowohlt

Mit Kindern leben
Lektorat Bernd Gottwald

Originalausgabe
Veröffentlicht im Rowohlt Taschenbuch Verlag GmbH,
Reinbek bei Hamburg, Mai 1994

Gesamtherstellung Clausen & Bosse, Leck
Printed in Germany
1290-ISBN 3 499 19680 8

Dieses Buch widme ich meinen Neffen Jacob, Anton, Christoph, Johann, Philipp und Yonis, meinen Patenkindern Viola, Clara, Maximilian, Ferdinand und Agnes sowie der schönen Johanna, die alle meinem Herzen zärtlich nahestehen. Sie haben das Glück, von phantasievollen,(oft sogar) konsequenten Eltern erzogen zu werden, die fähig sind, das vielfach schattierte pädagogisch notwendige «Nein» auszusprechen und durchzusetzen. Ihnen hat dieses Buch viel zu verdanken.

Inhalt

Der Zwang zum Konsum ist ein Zwang zum Gehorsam gegenüber einem unausgesprochenen Befehl. Jeder steht unter dem entwürdigenden Zwang, so zu sein, wie die anderen: im Konsumieren, im Glücklichsein, im Freisein; denn das ist der Befehl, den er unbewußt empfangen hat und dem er gehorchen «muß», will er sich nicht als Außenseiter fühlen. Nie zuvor war das Anderssein ein so schweres Vergehen wie in unserer Zeit der Toleranz.

Pier Paolo Pasolini, 1975

Einleitung

«Geld spielt keine Rolle – Erziehung im Konsumrausch.» Der Titel dieses Buches soll provozieren und will erklärt werden. «Geld spielt keine Rolle»: Eine überspitzte Formulierung, aber sie beschreibt dennoch einen neuen, nie zuvor dagewesenen pädagogischen Zustand. Ein Großteil der Bevölkerung, die enorm breite Mittelschicht und die reiche Oberschicht (nach der «Zweidritteltheorie» also rund 65 Prozent), muß nicht unbedingt aus materiellen Gründen ihren Kindern ein Nein entgegensetzen, wenn die täglichen Wünsche artikuliert werden. Das Nein fordert vielmehr pädagogische Begründungen. Diese zu liefern wird in der Tat immer schwieriger, denn wo das Wohlstandsleben garantiert ist, geht es nur noch um Nuancen... bei der Differenzierung von Rosatönen, den hippigen Oililly-Anzügen fürs Baby oder den richtigen Turnschuhen, die keine Schuhe mehr sind, vielmehr Wertesysteme darstellen. Zu einem begründeten «Nein, jetzt langt's!» sind viele Eltern und Großeltern überhaupt nicht oder erst viel zu spät in der Lage. Diese Entscheidung schließt immer die Frage nach dem eigenen (Konsum-)Standpunkt ein, nach der Abgrenzung von den Kindern und nach pädagogischen Grundsätzen, auch Idealen. Selbst das alltägliche Thema Süßigkeiten enthält Zündstoff mit Langzeitwirkungen. Wobei keineswegs nur an die schlechten Zähne der Kinder zu denken ist. Es geht vielmehr um die Problematik, wie Kinder lernen können, mit Frustrationen umzugehen: ablenkend und zudeckend, verschiebend und negierend, passiv oder vielleicht sogar offensiv und kreativ. Süße Tröster werden vom ersten Lebenstag an in den Mund geschoben, um Kummer zu überspielen, den Mund zu stopfen, um Ruhe herzustellen. So wird ein Reiz-Reaktions-Schema eingeübt, welches die Kinder und Jugendlichen, später die Erwachsenen, zu gefährlicheren (oralen) Tröstungen greifen läßt.

«Erziehung» – jede Diskussion darüber ist schwierig, weil der Begriff höchst unterschiedlich ausgelegt wird. Nach der einen Ansicht gehören nur die bewußten, die sozusagen inszenierten pädagogischen Handlungen in diesen Bereich. Die Gegenposition: Zur Erziehung zähle alles, was auf das Kind einwirkt, jedes Wort, jede Geste. Tatsache ist, daß Eltern mit allem, was sie sind, tun, sagen oder auch nicht sind, nicht tun, nicht sagen, eine Wirkung auf ihre Kinder ausüben. Alles trägt zur Ausprägung von positiven oder negativen Eigenschaften bei – Erziehung ist die Summe von zahllosen kleinen, kleinsten Entscheidungen.

Zum Erziehen von Kindern gehören immer Vorstellungen, Wünsche, Ideale. Doch welche pädagogischen Ideale werden heute bewußt angestrebt? Eine Umfrage der *Süddeutschen Zeitung* im Januar 1991 galt positiven Eigenschaften, die für eine gut funktionierende Gesellschaft im Jahr 2000 anzustreben seien. Das Ergebnis ist eine Hitliste pädagogischer Kategorien in der Reihenfolge: Hilfsbereitschaft, Achtung vor dem Alter, Zivilcourage, Toleranz gegenüber Andersdenkenden, Offenheit gegenüber neuen Ideen… Außerdem wurde nach Erziehungszielen gefragt, und da rangiert an erster Stelle das Umweltbewußtsein. – Es gibt also auch heute noch einen allseits akzeptierten «Tugendkanon». Doch damit ist noch überhaupt nicht die Frage beantwortet, wie diese Tugenden den Kindern beizubringen sind. Je heller die schönen Ideale leuchten, desto dunkler die Schatten über dem Alltag der Erziehungspraxis. Denn bequemer als die harte Erziehungsarbeit der Tugendvermittlung ist das Verwöhnen von Kindern allemal: das Taschengeld zu erhöhen, die reizende Rüschenbluse zu kaufen statt die der großen Schwester auftragen zu lassen, das Kinderzimmer selbst aufzuräumen anstatt die Aufräumaktion immer wieder anzumahnen. Sogar zu lebensverlängernden Maßnahmen, wie ein allzeit funktionierendes Rücklicht am Kinderfahrrad durchzusetzen, selbst dazu fehlt es vielen Eltern an Einsicht, Interesse, Autorität. Und über das Zeitungssammeln und Flaschenwegtragen kommt der praktizierte Umweltschutz in den meisten Familien kaum hinaus... wenn nicht die Kinder ihn einklagen und inszenieren. Doch wie ist den Kindern Verantwortungsgefühl usw. anders beizubringen, wenn nicht an den leidigen, lästigen Kleinigkeiten? Indem man zu Hause nur darüber spricht? Oder eine didaktisch pfiffige Einheit in der Schule durchzieht? Oder den gehaßten Vergleich mit wohlerzogenen anderen Kindern bemüht?

«Konsumrausch» ist der letzte zu klärende Begriff. «Konsum tötet – den Geist» hieß es einst auf einem Graffito, und der *Spiegel* formuliert knapp und bissig, daß heutzutage «die Frühstückswünsche der Kinder zum Tagesbefehl für die Eltern» geworden sind. In manchen Familien sieht es tatsächlich so aus, liefert doch nach der Statistik das Konsumieren bereits 50 Prozent der häuslichen Unterhaltungsthemen. Und da läßt sich das berühmte Axiom des österreichischen Psychotherapeuten Paul Watzlawick «Man kann nicht nicht kommunizieren» umformulieren in: «Man kann nicht nicht konsumieren». Verknüpft man diese beiden Sätze, dann beschreiben sie einen bereits erreichten Konsumzustand als ein Perpetuum mobile, als eine Spirale ohne Ende: Es wird geredet übers Kaufen, es wird gekauft und darüber geredet.

«Born to shop» heißt der Startbefehl zum hedonistischen (Selbst-)Genuß aller Generationen, die sich nicht nur darin immer weniger unterscheiden. Insofern kann man von einem «neuen Mittelalter» sprechen, das zwischen Kindheit und Erwachsensein keinen Unterschied machte. Auch heute haben sich die Generationen in ihrer Kleidung (Uniformen sind zwar passé, doch Jeans uniformieren so schön individuell), in ihrer Freizeitgestaltung (Fernsehen und Shopping vereint!), aber auch durch wegfallende Tabugrenzen angeglichen. Da wird die Zehnjährige zur Vertrauten ihrer Mutter in Sachen Liebe, da werden Kinder mit den Ehekonflikten ihrer Eltern überfordert und zu früh in eine Erwachsenen- und Partnerrolle gedrängt. Auch gibt es kein Thema mehr (Gewalt, Prostitution, Krieg, alle Spielarten von Demütigungen, Not und Elend), weder im Fernsehen noch im Gespräch, von dem Kinder ausgeschlossen sind. Eine der Folgen ist: Das Erwachsenendasein verliert seinen Reiz, seine Geheimnisse. Das einzige, was sich für die Jugendlichen in ihrer Zukunft verändern wird, wird die Tatsache sein, daß sie selbst für das notwendige Geld arbeiten müssen. Alles andere kennen und besitzen die Shopping-Mall-Kids schon seit Kleinkindertagen. Also: ziemlich langweilige Aussichten! Die alte Weisheit von Pippi Langstrumpf, dieser Anarchistin, trifft es genau: Ohne Schule gibt es keine Ferien, ohne Kontrast kommt keine Freude auf.

Das «neue Mittelalter» bedeutet auch eine «Grenzenlosigkeit» in den familiären Beziehungen. Demokratisch, partnerschaftlich, ohne das autoritäre Unten-und-oben wollte man seine Kinder erziehen, im wörtlichen Sinn: ohne Grenzen. Das Ergebnis ist in vielen Fällen niederschmetternd: Eltern, die entweder mit den Machtgelüsten ihrer Kleinen nicht zu Rande kommen oder unter deren cooler Distanz leiden. Ein neues tabubrechendes Thema wandert zur Zeit durch die Medien: Gewalt von Kindern und Jugendlichen gegen ihre Eltern. Und das keineswegs in Familien, wo zuvor die Kinder geprügelt wurden. Gerade weil man ihnen beigebracht hat, daß sie alles tun dürfen, wendet es sich in einigen Fällen nun gegen die Eltern. «Macht kaputt, was euch kaputtmacht» sang einst Herbert Grönemeyer. Heute spottet er über den gewöhnlich gewordenen Luxus der «verfetteten Gefühle» und: «Zweifel ertrinken bei uns in Champagner... die Träume werden leider immer kleiner...»

Einer der Gründe für dieses Familiendilemma mag sein, daß gerade die Ex-68er und Ex-Yuppies sich weigern, die Elternrolle zu übernehmen. Sie bestehen darauf, große Schwester, bester Freund ihrer Kinder zu sein. Und bei solch toleranten Alten müssen die Kids schon zu harten Provokationen greifen, um noch schocken und sich somit abgrenzen zu können. Oder sie passen sich an, bleiben Stubenhocker bis zur Heirat, beharren auf dem häuslichen Hotelservice ihrer Mutter, auf Automitbeteiligung und einem 13. Taschenmonatsgeld.

Eltern verhalten sich immer häufiger re-aktionär, d. h. sie re-agieren auf die Wünsche, auf die Befehle ihrer Kinder. Nicht sie sind es, die die Maßstäbe setzen, die Familien-Ideale definieren, sondern sie agieren wie Marionetten. Nur kurzzeitig läßt dies Freude aufkommen, denn die kaschierte Hilflosigkeit (wenn nicht sogar das Desinteresse) provoziert bei den Kindern Machtgelüste und läßt sie gleichzeitig allein, einsam wie in einem Vakuum leben.

Die Lust am Kaufen läßt Kinderzimmer überquellen. Die sogenannten Kauf-Süchtigen, die sich selbst zu «Abhängigen» erklären und damit bereits einen Schritt in die Unabhängigkeit getan haben, sind nur ein wenig «abhängiger» als wohl viele «Normalkonsumenten». Wenn bereits Jugendliche in Münster dreimal drei Stunden pro Woche zum Shopping ausgehen, hat dieses Thema offensichtlich einen derartigen Stellenwert in ihrem Leben, daß allein aufgrund des

Zeitaufwands von emotionaler Beeinträchtigung gesprochen werden kann. Auch die Erwachsenen kaufen und kaufen gern und schenken gern. Aber sie haben nicht ein einziges pädagogisch sinnvolles Argument parat, um den Kauf der 27. Barbiepuppe zu rechtfertigen. Das soll ja auch «nur Spaß» machen. Dabei wird jedoch die Kehrseite übersehen: die geheime Botschaft, die indirekte Wirkung, die unausgesprochene Mitteilung. Was sich dahinter an Wünschen und Frustrationen verbirgt, davon später. Beim Kaufverhalten läßt sich eine «Infantilisierung» bei den Erwachsenen beobachten – die andere Seite der Medaille von zu früh erwachsen gewordenen Kindern. Die Infantilisierung ist gekennzeichnet durch ein ausgeprägt unrealistisches Verhalten, das als Regulativ nur das Lust-Prinzip kennt, obwohl ein wirklicher Genuß damit höchst selten verknüpft ist. Wenn Eltern sich weigern, die längerfristigen Konsequenzen ihres eigenen pädagogischen Handelns für ihre Kinder ernsthaft und kontinuierlich vorauszudenken, sollten sie sich nicht wundern, wenn Werte und Lebensansprüche in den Köpfen ihrer Kinder entstehen, die ihnen angst und bange machen.

Da werden Kinderzimmer vollgestopft mit Dingen, die keineswegs die Spiellust, sondern Spielhemmungen aus Überfluß und Überdruß provozieren. Aus dem Kinderparadies wird eine «Spielhölle», in der die gelangweilten Youngsters mit sich selbst nichts mehr anzufangen wissen. Die Alternative ist greifbar, ständig vorhanden, leicht zu erreichen, nie versiegend: das Fernsehen, diese frei Haus gelieferte Scheinwelt. Und da sitzen sie nun, schlagen die Zeit tot, sind gepolt auf die Zweieinhalbmeterdistanz und merken nicht, daß all ihre Sinne zugunsten des einen, des Auges, verkümmern. Das Augenmaß wird zum Maß aller Dinge. Ebenso wie ihre Körperlichkeit und damit ihre Sinnlichkeit, ihr Selbstbewußtsein und ihre Kommunikationsfähigkeit verlorengehen. Und sie merken nicht, daß ihr Blick bereits durch lebendige Menschen hindurchgeht, als wären diese ebenfalls auswechselbare Figuren aus dem unendlichen Strom von Menschen des Bildschirms. Der lebendige Kontakt mit dem Gegenüber verkümmert. Ein Lehrer beschreibt das typische «Montagssyndrom», diese nicht zu bändigende Unruhe bei allen Schülern aller Klassenstufen nach einem Wochenende mit durchschnittlich 18 Fernsehstunden: «Ich habe dann das Gefühl, als sollte ich Rudi Carrell spielen, aber da ihnen meine Version nicht gefällt, schalten sie ab, treten innerlich weg oder machen Radau.»

Es geht mir nicht um eine Verteufelung des Konsums, aber um eine Entlarvung der Konsumverklärung. Wenn Konsum zum Lebensinhalt, zum Tröster, zum Ersatz für Elternliebe und zur Kompensation von Kinderliebe geworden ist, dann scheint er keine tiefere Befriedigung mehr zu vermitteln. Es kommt nicht darauf an, ob ein Kind einen Kaschmirpullover trägt oder auf einem signierten Designerfahrrad fährt. Schlimm wird es, wenn das Kind nur noch Kaschmirpullover oder Designerfahrräder im Kopf hat. Es ist nicht schlimm, wenn in einem Spessartdorf Mütter ihre siebenjährigen Töchter zur Firmung in hübsche weiße Kleider stecken. Schlimm ist die Euphorie, die diese Kinder daraus ziehen, wenn sie die Preise der 300 bis 600 Mark teuren Kleidchen vergleichen. Denn unsere Konsummoral fordert, daß jeder sich testen lasse, ob er preiswürdig oder unwürdig sei, denn die Frage der Warenqualität ist zu einer der Lebensqualität geworden.

In diesem Buch werden auch Alternativen aufgezeigt: Familien, in denen gerungen wird um einen phantasievollen, lustbetonten, pragmatischen und rational begründeten Umgang mit dem Thema Konsum. Beispiele für eine Kehrtwendung in Richtung «neuer Bescheidenheit» gibt es besonders in der Upperclass. Kein Wunder, denn wenn selbst die «breiten Massen» mittlerweile ihren Kindern fast alles bieten können, versucht natürlich die Oberschicht sich durch neue Unterscheidungsmerkmale abzugrenzen. Oft sind es die alten Merkmale, nämlich das Understatement, die Rückkehr zur Einfachheit, zu geerbten Kleidern für die Kinder, zu einem sanften Umgang mit der Natur, zu neu-alten Höflichkeitsformen und undemokratisch geforderten Tischmanieren. – «Es muß alles radikal umgewälzt werden, wenn wir wollen, daß alles so bleibt, wie es ist», schrieb Giuseppe Tomasi, Fürst von Lampedusa, der sizilianische Schriftsteller («Der Leopard»), im Jahr 1957. Eine Mutter von vier Söhnen formuliert es so: «Das größte Geschenk, das ich meinen Kindern heute machen kann, ist doch nicht mehr das Füllhorn des Überflusses, es ist vielmehr ein in der Tendenz bescheidenes Leben. Denn gerade bei den schnell, zu schnell reich gewordenen Familien läßt sich nur zu gut ablesen, wohin die Erziehung im Reichtum, im Zuviel führt.» Aber es muß dabei nicht um Millionenvermögen gehen, schon das Zuviel im «normalen» Bereich ist ein Zuviel. Und die meisten Kinder merken es selbst, denn sie haben mittlerweile Angst vor dem Zustand, sich nicht mehr freuen zu können. Und formulieren zwar nur indirekt und auf andere Kinder bezogen, aber unüberhörbar: Bitte mäßigt euch mit euren materiellen Höchstleistungen; denn auf was sollen wir uns sonst später eigentlich noch freuen?

Die ersten Anzeichen eines Trends zur Bescheidenheit haben auch die Medien entdeckt und den Begriff der «GRUMPS» geprägt: Green, responsible, unassuming, moderate und poverty seeking (grün, verantwortungsbewußt, anspruchslos, maßvoll und auf der Suche nach der Armut). Der Weg vom Schlaraffenland führt zurück nach Sparta und dem spartanischen Leben, denn Rückschritt kann auch Fortschritt sein. Die Yuppies der 80er Jahre sind passé. Selbst einige von ihnen sollen bemerkt haben, daß Glück nicht zu kaufen ist und der Konsum in Superlativen bald seinen Reiz verliert. Luxus will zelebriert werden, und das erfordert mehr als Geld, das erfordert Geist und Muße, viel Zeit und richtige Freunde. Für diesen Mangel, den Mangel an Freunden nämlich, hält der «Kleine Prinz» von Saint-Exupéry im Gespräch mit dem Fuchs eine Erklärung bereit: «Die Menschen haben keine Zeit mehr, irgend etwas kennenzulernen. Sie kaufen sich alles fertig in den Geschäften. Aber da es keine Kaufläden für Freunde gibt, haben die Leute keine Freunde mehr. Wenn du einen Freund willst, so zähme mich.»

Ein anderer Aspekt des Konsumierens wird, gerade den Kindern, immer deutlicher: die Umweltzerstörung bei der Produktion, bei dem Gebrauch der Produkte und bei der Vermüllung des Abfalls. Deswegen fordert der Psychoanalytiker Wolfgang Schmidbauer: «Grundsätzlich muß jeder Kauf zu einer spezifisch ethischen Frage werden; jeder Konsumartikel ist ein Mosaiksteinchen in dem Moloch Umweltverschmutzung. Die Frage: ‹Ein neues Auto kaufen oder das alte behalten?› ist nicht nur eine finanzielle Frage, sondern auch und vor allem ein moralisches Problem... Wir müssen lernen, daß wir nur bei jenen Tätigkeiten, die absolut keine Gefahr für unsere Umwelt darstellen, ein wirklich gutes Gewissen haben dürfen – etwa beim Spazierengehen...» (1990, S. 128ff.) 75 Prozent der Jugendlichen ermahnen ihre Eltern, sich umweltbewußt zu verhalten. Doch leider nur rund 15 Prozent von ihnen verhalten sich umweltfreundlich, wenn es um den eigenen Konsum in der Peer-group geht, z. B. beim Trinken von Cola aus Einweg- oder Pfandflaschen (*Spiegel*, 4.3.1991).

Die «Erziehung im Kaufrausch» findet im Westen statt. Und da es in diesem Buch nicht um Formen von spontan ausgelebtem Konsumrausch geht, sondern um eine Erziehungsgrundhaltung mit ihren langfristigen Auswirkungen, habe ich keine Familien aus der ehemaligen DDR interviewt. Auch wenn das Ende des real existierenden Sozialismus durch das westdeutsche Werbefernsehen beschleunigt, der Kommunismus durch Konsumismus ersetzt wurde, kann im oben definierten Sinn noch nicht von einer pädagogisch etablierten Konsumhaltung im «Beitrittsgebiet» gesprochen werden. Auch wenn Freya Klier in ihrer Analyse der Erziehungsstrukturen in der DDR zu folgendem Fazit kommt: «Das Gros der Jugendlichen DDR war dem Gros der Jugendlichen BRD erstaunlich ähnlich – die Generationsspezifik schlug stärker durch als die jeweilige Gesellschaftsordnung. Denn sowohl die Mehrheit der jungen Bundis als auch die Mehrheit der jungen Zonis ließ sich eher leben. Die einen durch die Überfülle an Videos, an technischem und modischem Schnickschnack, die anderen durch die Überfülle an zu erfüllendem Klassenauftrag. Ersteres mag bedeutend mehr Spaß machen als letzteres – doch im Endeffekt löst Gängelung durch Konsum eine ähnliche Apathie aus wie Gängelung durch den Staat… sie litten auf beiden Seiten der Mauer sowohl unter einer fehlenden Zukunftsperspektive als auch unter dem sichtlichen Desinteresse der Älteren an ihnen.» (1990, S. 187ff.)

1 Taschengeld: Die lieben Kleinen und das liebe Geld

Das BOWIBIP (Abkürzung für: Born With Best Income Parents, also: Kind wohlhabender Eltern), das Baby aus der Beletage des Lebens, mutiert erstaunlich rasch zu einem SKIPPY (School Kid with Income and Purchasing Power). SKIPPIES sind Schulkinder mit einem beachtlichen Einkommen und einer entsprechenden Kaufkraft. Das Münchner Institut für Jugendforschung rechnete im Jahr 1988 aus, daß die 7–15jährigen bei uns 3,5 Milliarden Mark ausgegeben und vier Milliarden Mark aufs Sparbuch gelegt hätten. Im gleichen Zeitraum standen den 16–19jährigen Teenagern 24,5 Milliarden Mark zur Verfügung, die sie als Taschengeld und als Geschenke kassiert hatten. Glücklich ist, wer bis zur Mitte seines dritten Lebensjahrzehnts nicht sein eigenes Geld verdienen muß! Im Vergleich dazu junge Auszubildende, die sich von ihrem Verdienst selbst finanzieren und nicht selten viel weniger als Taschengeld kassierende Jugendliche zur Verfügung haben. Die finanzielle Abhängigkeit von den Eltern bleibt immer länger erhalten, wobei die persönliche Abhängigkeit von der finanziellen abgekoppelt wird. Weder im Elternhaus noch im Bereich der Ausbildung findet eine Integration der Jugendlichen in die Erwachsenenwelt statt. Sie erfolgt im «wesentlichen über die Bewältigung von Lernstoffen und den Erhalt von Zertifikaten… (das) bedeutet vornehmlichen Umgang mit Gleichaltrigen und beinhaltet damit zugleich immer ausgedünntere Kontakte zur Erwachsenenwelt», so Hans-Rudolf Vetter vom Deutschen Jugendinstitut.

Die faktische Höhe des Taschengeldes beschäftigt nicht nur Eltern und Kinder. Die Münchner Zentralstelle für rationales Haushalten erarbeitet jährlich eine pädagogische Meßlatte mit Taschengeld-Richtwerten: Für die Achtjährigen zum Beispiel seien 15 bis 25 Mark im Monat angemessen, heißt es dort für das Jahr 1990; dieses Kinder-Gehalt darf sich steigern auf 50 bis 80 Mark im Monat für die 17jährigen. Dabei geht es ausschließlich um das Geld, über das die Jugendlichen *frei* verfügen können. – Eine Repräsentativ-Umfrage bei 1000 Jugendlichen zwischen neun und 17 Jahren durch das Kölner IFEP-Institut brachte 1990 folgende Resultate: Ein gutes Drittel (36,4 Prozent) der Neunjährigen erhält bis zu zehn Mark im Monat, ein weiteres Drittel bis zu 20 Mark. Bei den Älteren sieht es folgendermaßen aus: Rund 50 Prozent der 15jährigen kassieren bis zu 100 Mark, 25 Prozent exakt 100 Mark und fast acht Prozent sogar 200 Mark Taschengeld im Monat. Bei den 17jährigen müssen 16 Prozent mit Beträgen unter 75 Mark auskommen, während 20 Prozent von ihnen bis zu 100 Mark erhalten. Nochmals rund 20 Prozent können über Taschengeld bis zu 500 Mark und 16,5 Prozent können sogar über einen monatlichen Betrag von 750 Mark frei verfügen.

Was die Kinder und Jugendlichen mit diesem Geld anfangen, ist ihr geringstes Problem. Gibt es doch Wegweiser, Hinweise, offene und geheime Manipulatoren, sprich: Werbung in Hülle und Fülle. 71 Millionen Mark gab die Industrie allein 1988 für Anzeigen in den zwölf gängigsten Jugendzeitschriften aus, das bedeutet eine 30prozentige Steigerung gegenüber dem Jahr zuvor. Umworben werden die Konsumkids schon früh, ausdauernd, überall und unübersehbar.

Sind sie doch Zielgruppe, aber auch Druckmittel und Verkaufsargument für das, was die Eltern konsumieren.

Heiß umworben werden sie mittlerweile auch von den Banken und Sparkassen, die perfekte Jugend-Dependancen im Memphis-Design mit permanenter Videoclip-Unterhaltung selbst in Provinzstädten eröffnen. Computer zum Spielen, freundliche Hilfe bei den Hausaufgaben, Freizeit- und Ferien-Tips, auch Zuwendung gibt es dort gratis. Rundumbetreuung nennt es sich. Die New-Age-Idee der Ganzheitlichkeit hat nun auch die Geldinstitute erreicht. Das Kind wird in seiner Körper-Seele-Geld-Dimension erkannt und Schritt für Schritt zum bankgerechten Nachwuchs herangezüchtet. «Wir brechen auf in die Gefühlswelt», sagt Manfred Münzel, Marketingleiter der Kölner Bank von 1867 (*Süddeutsche Zeitung*, 27.11.1989). Der junge Noch-nicht-Kunde ist König und die Jugendbank sein neues Refugium. Zu Hause scheinen diese bankbegeisterten Kinder nicht so viel, in jedem Fall nicht diese gesuchte professionelle Aufmerksamkeit zu bekommen.

In den USA sind Kreditkarten für die Youngsters ab zehn Jahren nichts Ungewöhnliches. Bei uns sind ihnen lediglich Sparkonten erlaubt. Um zur Eröffnung solcher Konten zu animieren, hat zum Beispiel die Frankfurter Sparkasse von 1822 einen «Action Club» gegründet. Er verhilft den Teenagern zu ermäßigten Karten für Fußballspiele, für begehrte Disco-Ereignisse oder für die Schlittschuhbahn. Voraussetzung ist: Mit einer Mark im Monat auf das Konto der Sparkasse ist jedermann dabei.

Ähnlich organisiert ist der «Knacks-Sparclub» für Kinder ab sechs Jahren. Das erste Sparbuch, Starthilfe von der Bank sind fünf Mark, wird angelegt und die Nähe zur Haus-Bank pädagogisch forciert. Kleine Geschenke (Stundenpläne, Buntstifte, Zentimetermaße) an «Knacks-Tagen» intensivieren die Freundschaft ebenso wie Freikarten fürs Schwimmbad, Kino und für die Museen. Doch soll natürlich nicht nur passiv konsumiert werden. Deswegen bietet die Deutsche Bank Hilfe bei der Jobsuche und hält Tips für Bewerbungen bereit. Denn leistungsorientiert ist oder soll ihre Klientel sein und sich dementsprechend aufführen.

Als nächstes Ziel der Bankenstrategie sind die Schulen ins Visier genommen. Schulsparen gab es schon immer. Jetzt aber wollen Bankangestellte demnächst im Sozialkundeunterricht «Konsumerziehung» aus ihrer Sicht betreiben. Und das heißt allemal: das Schuldenmachen zu bagatellisieren und mit Schulden leben zu lernen. Als Einstieg sollen «Lernhilfen» in den Schulen installiert werden, sprich: Arbeitsräume werden mit Computern ausgerüstet. Natürlich nicht nur aus Menschenfreundlichkeit: Das Label der jeweiligen Bank wird unübersehbar bleiben und sich fürs Leben einprägen.

Bankserviceleistungen nennen sich diese frühen Bindungen an ein Geldinstitut während der «formative years». Diese prägsamen Lebensjahre für Markentreue sind kurz. Schon mit 16 ist alles gelaufen, sind die Marken, Labels, Signets fest im Hirn installiert. Bis Mitte dreißig hält die Prägung an. Der Hintergedanke, die Zukunftsplanung der Banken ist folgender: Nicht nur auf das spätere Gehaltskonto sind sie erpicht, nein, sie haben errechnet, daß bis zum Jahr 2000 etwa zwei Billionen (das sind zweitausend Milliarden) Mark von Großeltern und Eltern der jüngeren Generation vererbt werden. 800 Milliarden Mark in Geldvermögen, der Rest in Lebensversicherungen und Grundeigentum. Jahrzehntelanger Wohlstand hat bewirkt, daß die Bundesbürger ein geschätztes Privatvermögen von 2,7 Billionen Mark besitzen, mit einem jährlichen Zuwachs von 150 Milliarden Mark. Auch vererben die Großeltern immer häufiger ihr Geld gleich an die Enkel, weil die eigenen Kinder selbst reichlich davon haben. So wird in Bankkreisen interessiert gefragt: Wo werden die ganz Jungen ihre Vermögenswerte anlegen? Da kann es nicht schaden, mit Nettigkeiten und coolem Design sich den Kindern nachdrücklich zu empfehlen.

Doch mit solchen simplen Werbetricks ist es nicht getan. Immer wieder beobachten Bankberater, wie glänzend informiert und selbstsicher ältere Jugendliche auftreten, wenn es sich um ihre Vermögensanlagen handelt. Ihnen geht es keineswegs mehr um die emotionale Bindung zur Bank, sondern ausschließlich um die Höhe der Rendite. Auch sind die jungen Erwachsenen immer häufiger gewillt, Kredite in Anspruch zu nehmen, die ihnen die Banken nur zu gerne einräumen. Schulden sind keine Schande, eher ein Zeichen für gepflegten Lifestyle, mit dem man angeben kann. Und diese Einstellung wird von den Banken durch Dispo- oder persönliche Kredite und Eurocheque-Karten emsig unterstützt (*Deutsches Allgemeines Sonntagsblatt*, 27.4.1990). Diese beiderseitige Kreditbereitschaft kann zu bedenklichen Konsequenzen, zu tiefgreifenden individuellen Störungen schon bei sehr jungen Leuten führen. Erleichtert wird der Schritt in die Verschuldung dadurch, daß man sein Konto unterhalten kann, ohne Kontakt mit einem Bankangestellten aufnehmen zu müssen. So kontaktintensiv die Betreuung potentieller Kunden war, so kontaktreduziert ist die der Dauerkunden.

Dieses Manko beschreibt Andrea P., eine 27jährige Kauffrau, die zwar in ihrem Beruf erfolgreich ist, aber unter einer Eß- und Kaufsucht leidet. «Wissen Sie, ganz zu Anfang, als ich 18 war, da hätte mich das bestimmt vom Schuldenmachen abgehalten, wenn ich dem Bankbeamten direkt unter die Augen hätte treten müssen. So habe ich mir immer nur telefonisch neue Scheckkarten zuschicken lassen. Sonst hätte ich garantiert bis zum Anfang des kommenden Monats gewartet, bis zum nächsten Gehalt. Es wäre mir einfach zu peinlich gewesen.»

Andrea P. hat mit fast 90000 Mark Schulden einen Offenbarungseid leisten müssen, bekommt jetzt von einem

Freund, der ihre Schuldenregulierung in die Hand genommen hat, lediglich 25 Mark pro Tag wochenweise zugewiesen. Und sie hat in einer Selbsterfahrungsgruppe begonnen, diese Lebensproblematik aufzuarbeiten. «Meine Mutter hortete das Geld, mein Vater schmiß es raus. Er hat selbst hohe Schulden, hat immer zu viel für das Haus, das Auto, den Urlaub ausgegeben. Genauso wie mittlerweile meine Geschwister. Das Fatale war: Wärme bekamen wir nie von unserer Mutter, nur vom Vater, weswegen ich Geldausgeben mit Herzlichkeit verknüpfe. Auch wurde nie zu Hause geklärt, was die Eltern wofür ausgaben. Es ging nie um das Preis-Leistungsverhältnis. Jegliche Begründung für einen Kauf fehlte. Meinen ersten Kaufrausch hatte ich schon sehr früh. Hatte 75 Mark verdient beim Handzettelverteilen. Und alles habe ich für Süßigkeiten ausgegeben. Die Situation in dem Laden, als ich sagte: Dies will ich und dies und dieses, da hatte ich das Gefühl, daß ich eigentlich die bin, die ich gerne sein möchte. Nämlich selbstsicher, spendabel, großzügig: jemand, den man ernst nehmen muß. Später habe ich immer alles für meine Wohnung auf den Kopf gehauen, um Anerkennung und Bewunderung zu erheischen. Habe viele Leute eingeladen, die ich gerne als Freunde gehabt hätte. Und dann alles perfekt arrangiert. Wenn eine Tasse fehlte, kaufte ich einfach ein neues Service.»

Curd S., ein Ingenieur, ist 28 Jahre alt und ebenfalls in der Kaufsucht-Gruppe: «Die Banken, Kreditinstitute und Kaufhäuser machen es einem verdammt leicht. Ich bin immer auf die Kredit-Angebote hereingefallen. – Schon als Kind habe ich versucht, Freunde in der Schule mit Geld zu kaufen. Mit Süßigkeiten und Geburtstagseinladungen, auch um meinen Eltern zu zeigen, wie beliebt ich bin. Hat natürlich nicht hingehauen. Als Kind merkt man genau, wenn jemand einen kaufen will.»

Nils Oth, 15 Jahre alt: «Ich kenne einen Jungen, der kriegt

immer alles. Die Eltern sind beide Zahnärzte. Aber keiner aus der Klasse mag ihn. Zwar haben ihn alle ein bißchen angebetet, weil er alles hat. Das hat aber letztlich für ihn nichts gebracht. Denn er konnte sich immer nur für sehr kurze Zeit einen Freund machen. – Ich selbst beneide nur Dagobert Duck, weil der so viel Geld hat. Aber sonst imponiert mir niemand mit Geld.»

Exkurs über das Kaufen. Und über die Sucht, kaufen zu müssen

Das Extrem verdeutlicht die Tendenz, die Ausnahme macht die Regel durchschaubar, das Ab-Normale die Normalität. Deswegen ein Blick in eine Untersuchung von Gerhard Scherborn, Professor für Konsumtheorie und Verbraucherpolitik in Stuttgart, der 1990 die erste deutsche Studie vorgelegt hat, die die Entstehung und die Merkmale von «Kaufsucht» untersucht. – Als Sucht definiert er folgende Disposition: «Störung und Verzerrung des bewußten Zuganges zu (und Umgangs mit) den eigenen Gefühlen, als ein Mangel an Vertrauen in die Kräfte des eigenen Selbst, als eine Schwäche und Undeutlichkeit des Selbstbildes, als eine Neigung, diese durch überstarke Ersatzgefühle zu kompensieren, deren Quelle außerhalb des Selbst liegt» (S. 56).

Kaufsüchtige suchen Selbstbestätigung. Sie schaffen sich Situationen, in denen sie Macht und Stärke empfinden. Das emotionale Erlebnis des Kaufens kann die Intensität einer Halluzination erreichen. Gleichzeitig erleben sie eine kurzzeitige Entlastung von ihrem Gefühl, nichts wert, nicht kompetent, nicht geliebt, nicht frei zu sein, nicht unabhängig handeln zu dürfen. Die Untersuchung zeigt zudem, daß die Kaufsucht oftmals eine andere Sucht abgelöst hat oder zeitlich parallel neben einer anderen Sucht existiert. Dazu gehören Eß-, Alkohol- und Fernsehabhängigkeiten. Auch zeigt sich deutlich, daß Kaufsüchtige (aber auch andere Konsumenten, bei denen erst eine leichte Tendenz zur Kaufsucht besteht) häufiger als andere zu Depressionen neigen.

Die Störung des Selbstwertgefühls und die Weigerung, autonom, das heißt, erwachsen zu werden, sind, wie die Biographien von Kaufsüchtigen überdeutlich zeigen, die Folgen von drei Beschränkungen. Erstens: Das Kind wird am Ausleben eigener Gefühle gehindert und lernt nicht, kompetent mit ihnen umzugehen: nämlich Ängsten ins Gesicht zu sehen, Überlastungen abzustellen, auf Abneigungen auch Konsequenzen folgen zu lassen und problematische Beziehungen gar nicht erst zu beginnen. Diese Behinderungen setzen oftmals sehr früh ein und sind nicht selten mit moralischen Axiomen («Das macht man nicht...») und kaltem, gefühllosem, inkonsequentem Elternverhalten verknüpft.

Zweitens kann ungenügend ausgeprägtes Selbstwertgefühl daraus resultieren, daß das Kind daran gehindert wurde, seine ihm spezifischen Fähigkeiten zur richtigen Zeit einzusetzen. Das beginnt zum Beispiel, wenn man einem Kind nicht zutraut, auf einer Mauer zu balancieren, ihm verbietet (wegen eigener sozialer Ängste), in der Öffentlichkeit laut zu sprechen, oder ihm später die Freunde und Hobbys diktiert. Und dies alles nicht selten in der Maske der Fürsorge, deren Kehrseite oft genug Macht heißt. Das hat, drittens, zur Folge, daß das Kind nicht lernen wird, für sich und sein Leben eigene Entscheidungen zu treffen und diese zu vertreten. Was wiederum die Ausformung einer eigenen Identität verhindert.

Eine Sucht entsteht in einem Lernprozeß, nämlich in einer biographisch-individuell und einer gesellschaftlich bedingten «Erziehung zur Inkompetenz». Gleichzeitig ist die

Sucht auch das Ergebnis von vielen eigenen Entscheidungen. Denn «die Person entscheidet sich immer wieder neu, in oft unmerklichen, kleinen Wahlakten, die Verantwortung für ihre Gefühle und Handlungen an die Anziehungskraft des Suchterlebens abzugeben» (S. 67).

Für viele der Süchtigen bedeutet das Kaufen eine «Belohnung», einen Trost, ist Ersatz für einen fehlenden Partner oder für mangelnde Zuwendung. Andere assoziieren mit dem Kaufen das Gefühl der «Größe», die Zugehörigkeit zu einer exklusiven Gruppe mit noblem oder weltmännischem Flair. Sie fühlen sich dabei reich, gutaussehend, begehrt, leistungsstark und bewunderungswürdig. Eigenschaften, die von der Werbung propagiert werden, die jedem scheinbar zufliegen, wenn er die richtige Zigarette raucht oder den speziellen Kaffee trinkt. Die Mehrzahl der Kaufsüchtigen sucht das Erlebnis der «Selbständigkeit», um dominierenden Müttern oder Ehepartnern zu entkommen. Andere genießen beim Einkauf das Erlebnis der «Fülle»: als Ausgleich für (schon in der Kindheit) erlittene Entbehrung und Benachteiligung. Für viele hängt das süchtige Kaufen auch mit dem Gefühl von «Sicherheit» zusammen, das einzukaufen, was am kommenden Tag vielleicht nicht mehr zu haben ist. Außerdem befriedigt Kaufen sofort, zuverlässig, berechenbar.

Doch darf nicht übersehen werden, daß in der Situation der Super-Versorgung jede Entscheidung *für* etwas auch einen Verzicht auf etwas anderes bedeutet. Denn wählt man unter den 18 möglichen Farbnuancen die eine Seidenbluse aus, bleiben 17 Möglichkeiten, sich just über diese Wahl zu ärgern. Wer überhaupt zu einer psychischen Disposition neigt, die ihn dazu bringt, eher den Verzicht, das Negative, das Unerreichbare zu sehen und zu fühlen als das Erreichte zu genießen, der wird wahrscheinlich bei jedem Einkaufsbummel in den Konsumtempeln des Überflusses (nicht selten völlig unbewußt) mehr Frustrationen erleben als Freude.

Viele der befragten Kaufsüchtigen hatten als Kinder das Gefühl, daß ihren Eltern das Auto, der sorgsame Umgang mit Möbeln und Kleidern usw. und das Geld wichtiger waren als ihr Kind, daß die Interessen des Kindes also hinter Gegenständen zurücktreten mußten. «Das Kind wird sich, um zu überleben, dem anpassen, was es nicht ändern kann. Also wird es nach den Dingen streben, die diese überragende Bedeutung haben, und in ihnen Ersatz für die versagte menschliche Zuwendung suchen» (S. 75). Hinzu kommt, daß durch den Mangel an Geschwistern, Nachbarschaftskontakten, Freiräumen, an Spielmöglichkeiten und Naturerlebnissen das Kaufen bereits für sehr junge Kinder zu einem immer zentraler werdenden Bereich von Welterleben, von einigermaßen selbständigem Handeln geworden ist. Der Gang ins Kaufhaus: das letzte Abenteuer für das moderne Shopping-Mall-Kid.

Wie jede andere Sucht zerstört die Kaufsucht Leben und Zusammenleben: durch Schulden, durch den Verlust des Arbeitsplatzes, durch die Zerstörung von Beziehungen, durch eine immer weiter fortschreitende Verengung des Umfeldes und der Gefühlswelt, durch panische Angst vor einem Entzug. Aber auch die «kontrolliert Kaufsüchtigen», die (nur) nach eigener Meinung zu viel konsumieren, verhalten sich nicht «ichgelenkt». Vielmehr ferngesteuert, durch gezielte, perfekt inszenierte Werbung und gesellschaftlich vermittelte, unbewußt übernommene Leitbilder von außen manipuliert. Ausgebeutete Ressourcen, die Produktion von Konsumgütern und ihre spätere Vermüllung, eine vergiftete Umwelt sind die Folgen.

Die Frage ist, wie man aus dieser Lebens-Einschränkung herauskommt.

Der Schlüssel zum nichtsüchtigen Verhalten ist die Erweiterung des immer enger gewordenen Lebens, bis hin zu Autonomie. Dazu gehören drei Momente. Erstens: sich mit sich selbst wohlzufühlen, sozusagen pur, ohne Stimulanzien. Zweitens: zu lernen, sich mit anderen Menschen wohlzufühlen, auf sie zuzugehen und eine Vielfalt von offenen, befriedigenden Beziehungen aufzubauen. Und drittens: sich ernsthaft und diszipliniert um Sachkompetenz zu bemühen. Dafür können Aktivitäten, Hobbys nützlich sein, die selbstgewählt sind und schlicht Spaß machen. Sei es, daß Kinder Briefmarken sammeln oder sich politisch engagieren, Flöte spielen oder Skateboard fahren. Es kommt darauf an, in diesem Bereich sein Wissen, seine Fähigkeiten, seine Kenntnisse zu steigern, um eine direkte Befriedigung daraus zu ziehen.

Zurück zu der Frage, wie Kinder mit Geld umgehen. Schwierig für Eltern ist es allemal, dem Kind beizubringen, woher eigentlich das Geld stammt, das in der Familie verbraucht wird. Lisa Behlow-Hasenklever, Jahrgang 1952: «Natürlich erlebt Olaf, unser fünfjähriger Sohn, daß ich eine Scheckkarte in den Automaten stecke und daß anschließend das Geld herausrieselt. Ich sage dann immer: Ach wie toll, daß der Pappo schon wieder 400 Mark für uns erarbeitet hat. Neulich war Olaf zwei Stunden mit meinem Mann in seiner Rechtsanwaltskanzlei. Er malte friedlich Bilder und fragte nach zwei Stunden ganz unvermittelt: Sag mal, Pappo, wann machst du denn nun endlich das Geld für uns?» – Ähnliches erzählt Jane Dennull, Jahrgang 1960, eine Möbel-Designerin, von ihrem vierjährigen Sohn Moritz. «Mein Sohn geht ganz klar davon aus, daß Geld immer auf der Bank deponiert ist, daß wir es eigentlich nur abzuholen brauchen. Es wartet dort auf uns. Aber er ist noch zu klein, um ihm zu erklären, wie es dort hinkommt.»

Der Zusammenhang zwischen Geld und Arbeit ist den

Kindern unbegreiflich, zumal sich viele von der Arbeit ihrer Eltern keine Vorstellung machen können. Da werden auch keine Lohntüten mehr nach Hause gebracht, keine Zahlungen an der Wohnungstür geleistet. Bargeldlos wird der Strom, das Wasser, die Heizung, die Miete bezahlt. Selbst das Essen im Restaurant wird oft mit Kreditkarte unter der weißen Damastserviette elegant beglichen. «Esel, streck dich! Tischlein, deck dich!»: Gerade für Kinder im magischen Alter, wenn die Realität und die Phantasie noch nicht fein säuberlich getrennt werden (müssen), stellt es sich ihnen tatsächlich so dar, als würde alles auf dieser Welt umsonst zu haben sein. Auch die Werbung vermeidet ja den Begriff des Kaufens. Euphemistisch heißt es lediglich: «Hol es dir!» Kein Wunder, daß – bei Geldmangel – die Kinder tatsächlich die gewünschten Dinge sich holen, nehmen, mitgehen lassen, sprich: klauen.

Ein krasses Beispiel liefert die Familie Bastian, in der das Problem des Taschengeldes auf eine ungewöhnliche Art geregelt wird: Bei ihnen steht eine Schale voller Geld auf dem Tisch – zur gefälligen, selbständigen Bedienung für die Kinder. Diese Schale wird nie leer, vielmehr diskret wie von Zauberhand nachgefüllt und vermittelt somit handgreiflich die Vorstellung einer nie versiegenden Quelle. Ein märchenhaftes Szenario, doch mit welchen Folgen? Vermutlich werden die Kinder dieser Familie erst extrem spät die Grenze zwischen eigenem Geld und dem Geld von anderen Menschen ziehen und Geld als Folge, als Konsequenz eines bestimmten Tuns, nämlich des Arbeitens, verstehen lernen.

Wie ist mit dem Thema Taschengeld pädagogisch sinnvoll umzugehen? Vorab einige grundsätzliche Fragen: Ist Taschengeld eigentlich ein unverdientes Geschenk, ein Recht, oder darf es, etwa als Erfolgsprämie, mit einer Gegenleistung gekoppelt werden? Oder ist die große spendable Hand mittlerweile ein Zeichen für die Schwäche von Eltern, ein Symbol für ihren bewußt oder unbewußt erlebten Mangel an eigener sozialer Autorität? Geld gilt in den wenigsten Familien als ein Bereich des täglichen Lebens, mit dem umzugehen Kinder lernen müssen und dem man so rational wie möglich begegnet. Geld hat ja auch immer eine emotionale Komponente. Diese im Einzelfall und differenziert herauszufinden würde bereits zu mehr erzieherischer Transparenz führen.

Oft wird Geld zur Beschwichtigung eingesetzt, ist ein Buhlen um die Liebe der Kinder. Es dient zur Entlastung von Schuldgefühlen. (Eine ähnliche Funktion hatte das Geld bereits in vorkapitalistischen Zeiten. Es war nicht nur ein Ersatz für den Tauschhandel, sondern auch Opfergabe – besonders in Zeiten des Glücks, des Wohlstandes. Ablaßzahlungen, Geldopfer beruhigen.) – Heute fordern die Kinder, und die Eltern gehorchen, finanzieren, tun materiell buchstäblich alles, um sie glücklich zu machen. Und sie züchten damit eine Anspruchshaltung; sie erziehen ihre Kinder zu einer Einstellung von «Arbeitnehmern und Wohlfahrtsempfängern», wie der Pädagoge Professor Klaus Hurrelmann es formuliert. Oder, wie es ein bereits geflügeltes Wort ausdrückt: «Die Frühstückswünsche ihrer Kinder sind den Eltern Tagesbefehl.»

Auch die Psychoanalyse hat sich mit der Rolle des Geldes im Prozeß der Wunschbefriedigung befaßt. Einer ihrer namhaften Vertreter, Professor Ernest Borneman, behauptet in seiner umfangreichen Studie «Psychoanalyse des Geldes» schlicht, aber deutlich: «Alle psychoanalytischen Erfahrungen laufen darauf hinaus, daß der Besitzwunsch, der über das Erforderliche hinausgeht, neurotischen Ursprungs ist.» (1973, S. 55) Aber wo beginnt das neurotische Wünschen, was ist das Erforderliche? Borneman selbst nennt erforderlich: «Haus, Hof, Garten, Möbel, Bilder, Bücher usw.» Die Unterscheidung zwischen dem Erforderlichen und dem Überflüssigen wird von den meisten der interviewten Eltern und Kindern – erstaunlicherweise – übereinstimmend bestätigt, zumindest in der Theorie, nicht selten mit einem Anflug von Sehnsucht nach einem einfacheren, schlichteren, un-belasteteren Leben. Doch in der Praxis sieht es anders aus. Man denke nur an das alljährliche große Seufzen: «Was soll ich mir denn dieses Jahr zu Weihnachten wünschen? Mir fällt nichts ein!» Aber trotzdem wird gewünscht, gekauft und geschenkt, geschenkt, gekauft und wieder gewünscht.

Viele der interviewten Kinder wissen um die Grenze zwischen dem Erforderlichen und dem Luxus, benennen sehr genau, auf welches Spielzeug, welche Kleidungsstücke sie gut verzichten könnten, welche dagegen für sie wirklich, auch aus welchen emotionalen Gründen wichtig sind. Diese als unverzichtbar deklarierten Dinge würden angesichts der überfüllten Kinderzimmer wie ein kleiner, feiner, aber auch geliebter Restposten dastehen. – Doch eine ehrliche Antwort auf die Frage nach dem Verzichtbaren wird wahrscheinlich nur ein Außenstehender bekommen. Denn – natürlich – wollen die Kinder keineswegs auf sämtliche Geschenke und die damit verknüpften Gefühle von Freude, Liebe, Aufmerksamkeit verzichten, weswegen den Eltern diese Geständnisse, mit wie wenig Dingen sie sich ebenso glücklich fühlen könnten, tunlichst vorenthalten werden. Hinzu kommt, daß die Frage nach dem Haben oder Nichthaben, dem Kaufen oder Nichtkaufen auch ein Terrain für Macht- und Kraftproben mit den Eltern ist. Genauso wie die Zubettgehzeiten, die ungewaschenen Hände, nichterledigten Hausaufgaben. Auch auf dem Feld des Konsums kann gelernt werden zu trotzen, zu kämpfen, zu argumentieren, auch hier kann ein Teil des notwendigen Ablösungsprozesses von den Eltern (in der Trotzphase genauso wie in der Pubertät) durchexerziert werden, um ein eigenes Selbstbewußtsein auszubilden. Aber das gelingt keineswegs, wenn die Eltern jeden Wunsch, kaum ist er ausgesprochen, sofort erfüllen. Da wollen, dürfen und sollen ruhig Mühen drangegeben, Positionen erstritten, Argumente ausgetauscht werden. Auf der Seite der Eltern geht es darum, klar (nicht zu verwechseln mit autoritär!) Positionen zu beziehen und Grenzen zu stecken, an denen sich ihre Kinder «abarbeiten» können. Ausschließlich die gelungene, und meist ist es die erkämpfte Ablösung, nicht die sofortige Erfüllung allen Begehrens, stärkt das Selbstbewußtsein und die entstehende Autonomie.

Nun ist die Bildung von Selbstbewußtsein zwar ein erstrebenswertes Ziel. Doch wenn Selbstbewußtsein als Selbstsucht zu einer Kinderherrschaft wird, wobei die Kleinen Macht über die nur noch marionettenhaft reagierenden Erwachsenen erringen und die Erwachsenen sie ihnen, zwar leidend und jammernd, aber immer wieder, jeden Tag neu zugestehen, dann entwickeln sich Charaktere, die zwischen Passivität, Null-Bock-Resignation und gefühllosem Rigorismus hin und her pendeln.

Exkurs über die Grenzen-Losigkeit. Nicht nur im Eltern-Kinder-Geldverkehr

Ein Kinderbuch von Max Bolliger mit Bildern von Jürg Obrist, ein melancholisches Märchen aus dem Jahr 1982, als Beispiel. Der kleine Prinz Heinrich hat «alle Spielsachen, die es auf der Welt gibt». Trotzdem ist er nicht glücklich: «Er lacht nie und er weint nie.» Seine liebevoll-besorgten Eltern schenken ihm deshalb zusätzlich noch einen Heißluftballon, einen Löwen im Käfig und ein Regiment Soldaten. Doch Heinrich ist auf der Suche nach etwas anderem. Seine Sehnsucht richtet sich auf das Kaninchen des Gärtnerjungen, der es aber keineswegs hergeben will. Da fließen endlich die ersten Tränen. Prinz Heinrich spürt, daß ihm auch ein Ersatzkaninchen nicht das ersehnte Glück bringen würde, sondern daß er auf die Freundschaft mit dem Gärtnerjungen gehofft hatte. Erst im Spiel zu zweit werden sie beide glücklich.

Thematisiert wird hier die Einsamkeit inmitten des Überflusses. Gerade die Prachtgeschenke führen zur vollständigen Spielhemmung. Mit einer Montgolfiere könnte die Welt erforscht werden, aber nicht von einem Kind, das Nähe braucht. Der Löwe und die Soldaten entsprechen zwar den unbewußten Machtphantasien eines Kindes, doch in der Realität provozieren sie Gefühle von Leere und Einsamkeit: Man darf sie nicht anfassen, nicht streicheln, ihnen nicht nahe sein. Der Kummer des kleinen Prinzen geht so weit, daß er nicht einmal mehr weinen kann. Wie erstarrt, leblos, in seinen elementarsten Tätigkeiten – im Spielen – ist er durch diesen Überfluß vollständig gehemmt. Er wird um seine Lebendigkeit gebracht.

Das arme reiche Kind. Wir kennen das Klischee. Doch mittlerweile kommt bei uns diese märchenhafte Situation, durch die Demokratisierung des Wohlstands, auf einen Großteil der Bevölkerung zu. Dadurch wird die ehedem einer Sitzenkaste vorbehaltene Problematik relevant für jedermann.

Kinder, die alles bekommen, egoistisch ausschließlich ihren Willen durchsetzen und nur glücklich sind, wenn sie in ihrem Reich herrschen, gibt es immer mehr. Daraus resultieren – im neurotischen Bereich – Störungen, die mit Gefühlskälte, Egoismus und Rücksichtslosigkeit einhergehen, so die Psychotherapeutin Jirina Prekop aus Stuttgart. Im Gegensatz zu den achtziger Jahren, als bei den Problemkindern die Ängstlichen, die Prügelknaben, diejenigen mit Versager-Gefühlen überwogen.

Kinder, die ihre Mütter wie Kammerzofen und ihre Väter wie Narren behandeln, sind keine Seltenheit. Auch Eltern nicht, die wie Zofen und Narren agieren und ihr Kind in diese Herrscherrolle schon früh hineindrängen, wie eine überdimensionale Geburtsanzeige in einer Hamburger Zeitung vom 5.1.1991 deutlich macht. Da heißt es: «Ich bin jetzt der Boss! Alexander ist da.» Man kann sicher sein, er wird der Boss werden!

Matthias Horx beschreibt in einem pointierten Sittengemälde der Nach-68er-Generation die Situation von jungen Eltern und die Gründe ihrer oftmals unentschiedenen Erziehungshaltung: In den 70er Jahren «waren [sie] mit ihrer Revolte gegen Gott und die Welt noch nicht einmal auf halber Strecke angelangt – wie sollten sie da Autorität ausstrahlen und Orientierung bieten, wie sie Kinder nun einmal fordern?» (1989, S. 35).

Diese Kinder nun sind das Resultat einer hochpädagogisierten und verbal-psychologisierten Zeit, in der sich die Erwachsenen (Eltern, Großeltern, Verwandte) hundertprozentig auf die meist nur noch einzeln auftretenden Kleinen konzentrieren und ihnen zu Willen sind. Das Kind erlebt seine Eltern als beherrschbar. Die Kehrseite ist, daß es Geborgenheit vermißt. Denn instinktiv weiß auch schon ein kleines Kind, daß diejenigen, die zu manipulieren sind, letztlich keinen Schutz gewähren können. Und das provoziert Verachtung. Also attackiert das Kind seine Eltern, es fordert, fordert und fordert, um endlich einmal ihre Stärke in Form einer Be-Grenzung zu spüren. Denn Stärke bedeutet ja auch: Hier kann ich mich anlehnen. Begrenzung heißt immer auch: Berührung und Kontakt. Als Abwehr gegen das Weiche, Schwammige, Inkonsequente, Konturlose, gegen das orientierungslose Chaos bleibt manchen Kindern nichts anderes übrig, als selbst die Herrschaft zu übernehmen. Die Nachgiebigkeit der Erwachsenen bewirkt außerdem, daß die zur kindlichen Entwicklung notwendige Wut nicht wirklich empfunden und adäquat, nämlich mit einem

Widerpart, ausgelebt werden darf. Diese Affekte, die zu einem sehr frühen Stadium der Entwicklung dazugehören, bleiben latent erhalten und können später zu einem ausgeprägten Narzißmus führen.

Freiheit ohne Geborgenheit, die einerseits Schutz auch vor den eigenen Größenphantasien gibt und andererseits Grenzen setzt, ist für ein Kind wie eine Gefangenschaft in den eigenen Zwängen, so Prekop. Ein Gummizellengefühl: man kann toben, so viel man will, ohne äußerlich Schaden zu nehmen, aber niemand reagiert. Die Angst davor, nirgends Grenzen zu spüren und ins Leere zu fallen, führt zu Verhaltensauffälligkeiten wie Herrschsucht, Unruhe, Kontaktstörungen mit Gleichaltrigen, zu Einsamkeit und Depressionen.

Die Problematik der Grenzenlosigkeit konkretisiert sich im täglichen Umgang mit Geld. Und so stellt das pädagogische Krisengebiet sich dar aus der Sicht einiger Eltern und Kinder:

Mechthild Bellmann, Jahrgang 1944, deren Eltern gutsituierte Forstwirte waren, lebt mit ihrem Mann, einem Immobilienmakler, in einem liebevoll-elegant eingerichteten Haus in einer Großstadt: «Ich habe als Kind manchmal gelitten, weil wir so wenig Modisches bekamen und knapp gehalten wurden mit Taschengeld. Ich dachte häufig, daß wir arm seien, beneidete die Arbeiterkinder, die besser dran waren, deren Eltern auch mehr Zeit hatten. Mein Vater hat uns dann einmal erklärt, daß wir, wenn wir wollten, uns sehr viel leisten könnten. Wir bräuchten auch nicht für einen Mantel zu sparen so wie die Arbeiterfamilien. Und wenn etwas notwendig wäre und er es wollte, dann könnten wir uns eigentlich alles kaufen. Damals war ich vielleicht zehn Jahre alt, aber kapiert habe ich es erst sehr viel später. – Natürlich haben wir als Kinder gejobbt. Kartoffelnsammeln, wie alle anderen im Dorf. Das war ganz normal.»

Bei der Erziehung ihrer beiden Kinder, bei Marie-Anne, 17 Jahre, und Konrad, 15 Jahre, reproduziert sie, sehr bewußt, ihre eigenen Kindheitserfahrungen: «Ich finde es auch heute noch gut, wenige, aber qualitätvolle Dinge, auch bei den Anziehsachen, zu kaufen. Keinen Plunder. Als Konrad einmal mit 13 Jahren auf einer Englandreise 100 Mark, die wir ihm ausschließlich für einen Surfkurs mitgegeben hatten, einfach verschlampt hatte, da mußte er anschließend jobben gehen, um sie uns zurückzahlen zu können. Mein Mann hat bei einem Maurer gefragt, und Konrad hat dort einige Samstagvormittage gearbeitet. Für uns war das eine selbstverständliche Sache. Denn er hatte doch das Geld veruntreut. Ergo sollte er dies wieder gutmachen. Doch viele unserer Freunde, als sie davon erfuhren, waren irgendwie irritiert. Wußten nicht so recht, ob sie diese Haltung eigentlich gut oder nicht gut finden sollten.» – Konrad selbst sieht das ziemlich gelassen: «Das war okay, daß ich dieses Geld meinen Eltern zurückzahlen mußte. Auf dem Bau, das war zwar anstrengend, aber originell. Und eigentlich hatte ich immer ein gutes Gefühl, wenn ich so einen großen Raum, den ich ausfegen mußte, auch fertig hatte.»

Oliver Belmonte, Jahrgang 1946, auf einem herrlichen Schloß in Tirol aufgewachsen, wurde ebenfalls kurz gehalten. «Ich hatte nur so viel Taschengeld, daß es gerade für einen Espresso langte, wenn wir mittags nach der Schule auf unseren Bus warten mußten. Sonst mußte ich mir davon nichts kaufen. Als tolle Aktion erinnere ich mich ans Blaubeerpflücken. Wir gingen ganze Nachmittage in den Wald, ohne die Lehrerin. Und von dem Erlös wurden Schulbücher gekauft. – Zu Hause war es sehr deutlich, daß unsere Eltern in ihrer Erziehung immer inkonsequenter wurden, bis schließlich der Jüngste reichlich verwöhnt war. Vielleicht langte der pädagogische Elan nicht mehr beim sechsten Kind. – Bei den kleinen Freunden unserer eigenen Kinder finde ich es immer entsetzlich mit anzusehen, wenn sie etwas fordern, schließlich auch bekommen und es dann nicht einmal genießen können.»

Nadine Karl, Jahrgang 1965: Ihr Mann ist Besitzer einer Reihe von Fitneßsalons und fragt während des Interviews demonstrativ an, ob er nicht mal eben die 10000 Mark, die noch in der Schublade liegen, zur Bank bringen solle. Ihr Vater war Ingenieur, und sie bekam als Kind schon immer mehr Taschengeld als der Durchschnitt. Die Folge? «Ich habe halt immer mehr als die anderen ausgegeben. Ganz anders als meine Schwester, die acht Jahre älter ist und gut mit Geld umgehen kann. Sparsamkeit war für meine Eltern keine Tugend, ist es für mich auch nicht. Ich kaufe oft Sachen, die ich nur dreimal trage und dann weggebe. Aber ich kaufe nie Sachen doppelt. Das macht mein Mann, zum Beispiel hat er fünf dunkelblaue Pullover. Ich gebe einfach gerne Geld aus. Wenn ich mich ärgere und seelisch nicht gut drauf bin und meinen Kaufrausch bekomme, dann gehe ich in die Stadt mit dem Vorsatz, Geld auszugeben. Das ist dann eine richtige Befriedigung, das Geldausgeben. Nicht die neuen Klamotten. Ich kaufe dann selten Sachen für mich, habe dann nicht den richtigen Geschmack, die gefallen mir nämlich anschließend nie. Dann kaufe ich halt für meine Tochter. – Meine Tochter Bixi geht ausgesprochen gerne mit mir in die Stadt, wenn sie nichts anderes vorhat. Oder sie sagt, daß sie eine neue Strumpfhose braucht und sie selbst auswählen will. Also kommt sie mit mir nachmittags zum Shopping. – Nein, natürlich gibt es nicht alles zwischendurch. Also, ich würde ihr keinen Farbfernseher schenken zwischendurch, wenn sie einen schwarzweißen schon hat. Da müßte sie schon bis Weihnachten warten.»

Eine Horrorvorstellung der Eltern formuliert Annette

Behlow, Jahrgang 1925, Mutter von vier erwachsenen Kindern und Großmutter von drei Enkelkindern. Früher arbeitete sie als Ärztin. «Schrecklich wäre es für mich, wenn die Kinder uns nur als Geldgeber gesehen hätten, als Mittel zum Zweck, um genüßlich leben zu können. Ohne Gespräche, ohne Kommunikation, ohne Dank. Gott sei Dank war es nicht so. Denn wir haben immer sehr strikt darauf geachtet, sie knapp zu halten. Aus den siebziger Jahren erinnere ich mich noch an eine Situation: Da kaufte ich meinem jüngsten Sohn ein Paar Kniestrümpfe. Wirklich nichts Besonderes. Aber er freute sich derart, daß die Verkäuferin sagte, so viel Freude hätte sie ja ewig lang nicht mehr erlebt.»

Christine Franz, 24 Jahre alt, erzieht ihren Sohn allein und studiert Psychologie. Ihre Eltern haben sich früh scheiden lassen, ihre Mutter mußte die drei Töchter allein ernähren, was ihr als Sachbuchautorin nicht leicht fiel. «Wir hatten wirklich das wenigste Taschengeld von allen. Aber uns beiden jüngeren Schwestern hat es überhaupt nichts ausgemacht. Ich glaube, man kriegt nur Minderwertigkeitsgefühle, wenn die Eltern über das nicht vorhandene Geld jammern. Nein, wir hatten nie ein Gefühl von Mangel, waren eher stolz, mit dem Taschengeld auszukommen. Unsere Großmutter wollte einmal mit uns über Geld reden, aber unsere Mutter hat es ihr verboten. – Mein Vater hat überhaupt keine Beziehung zum Geld, hat deshalb nie Alimente bezahlt, weil er die Notwendigkeit nicht einsieht. – Schon damals, als Kind, hatte ich immer viel Mitleid mit unseren beiden Cousins, die dauernd neue Schuhe bekamen, weil der Vater die Mutter ausstechen wollte. Wir merkten diese Machenschaften absolut deutlich, obwohl niemand mit uns darüber geredet hatte. Man fühlte sich bedrückt bei ihnen, die Atmosphäre war immer so gespannt, obwohl wir natürlich das üppige Kinderzimmer auch toll fanden.

In der Schule war Geld für mich nie ein Problem. Erst in

den Klassen unter mir – ich bin 1966 geboren – ging es eigentlich richtig los mit dem geldbetonten Gequatsche. Das war ein Sprung. Da gab es dann das Spiel, daß die Leute taxiert wurden: Wer hat für wieviel Geld was an? Und das mit den Markenartikeln ging da so richtig los. Die Jüngeren waren einfach geldbetonter. Aber dafür hatten sie auch keine Ideale wie wir noch. Meine Generation war noch offener, ehrlicher, weniger verschlossen, wir mußten voreinander nichts verstecken, wir mußten uns nicht selbst verstecken. Ich merke es auch jetzt an den jüngeren Studenten, die sind so in ihren Wertmaßstäben eingeigelt, daß sie das Wesentliche nicht mehr sehen. Die haben auch weniger Freunde, eher oberflächliche Kontakte. Und sind wahnsinnig davon abhängig, was andere über sie denken. In jeder Beziehung.»

Leon Barthes, 14 Jahre alt, wohnt in einem der beliebtesten, idyllischen Altstadtviertel von Berlin. Er bekommt 40 Mark Taschengeld im Monat. Damit liegt er, im Vergleich mit den Klassenkameraden, in der guten Mitte. «Mehr brauche ich nicht. Ich habe doch eigentlich alles. Außerdem gehe ich einmal in der Woche zum Babysitten und verdiene jedesmal zwölf Mark. Klar, das mache ich wegen des Geldes. Aber Jobben finde ich auch gut, wenn es freiwillig ist. Da komme ich mir reifer vor, als immer nur die Eltern zu fragen.»

Seine Mutter Caroline Barthes, Jahrgang 1950, ist Kostümbildnerin und arbeitet freiberuflich: «Ich versuche, so ein Vertrauensverhältnis aufzubauen, daß die Kinder mir sagen, wenn sie Bedürfnisse haben. Ich nehme es auch ernst, soweit ich ihnen glauben kann, wenn es nicht nur nachgequatscht ist. Viele aus Leons Klasse bekommen sehr viel großzügiger Taschengeld, aber er will gar nicht mehr. Dagegen kriegt Ruth, unsere elfjährige Tochter, nicht mehr als 20 Mark, weil sie immer gleich in einen Spielzeugladen rennt und den erstbesten Schrott kauft.»

Gisela Westmeyer, Jahrgang 1940, ist Ingenieurin, arbeitet

jedoch nicht. Ihr Mann ist Pastor. Die beiden Töchter sind 17 und 18 Jahre alt, der Sohn studiert bereits. «Nein, meine Töchter bekommen kein Gehalt von uns, einfach deswegen, weil sie viel zu viel für Geschenke ausgeben würden. Wahrscheinlich alles. Aber sie verdienen auch nicht schlecht. Da kann man heute ja reich werden. Für Babysitten gibt es sieben bis zehn Mark pro Stunde, für eine Nachhilfestunde 15 Mark. Außerdem spielen sie im Sommer auf der Straße Streichquartett, meist die kleine Nachtmusik, und da bekommen sie reichlich.»

Juan Minelli, 17 Jahre, geht auf ein humanistisches Gymnasium, das früher als Eliteschule und als moralische Anstalt galt. Heute wird sie eher als eine Hochburg des entfesselten Konsums geschätzt oder gemieden: «Von meiner Mutter bekomme ich 80 Mark Taschengeld im Monat, aber außerdem noch unregelmäßig Geld von meinem Vater, der ja nicht weit entfernt wohnt. Davon muß ich Schulsachen, Kino, Friseur, Anziehsachen, Geschenke und auch Taxifahrten bezahlen. Ich fahre oft Taxi, wenn nachts die S-Bahn nicht mehr geht. – Und dann verdiene ich immer etwas Geld aus meinen Handelsgeschäften, verkaufe zum Beispiel Geschenke, mit denen ich nichts anfangen kann, Bücher, die noch verpackt sind, oder Kassetten oder technische Sachen. Viele in meiner Schule bekommen bis zu 150 Mark und müssen nichts davon bezahlen. Alkohol und Zigaretten sind ja auch teuer. Ich hatte im vergangenen Sommer so eine Phase: Normalerweise trinke ich nur Bier, aber da habe ich auch Wodka und Amaretto getrunken. Und dann haben wir uns gegenseitig ausgeheult. Die anderen, das gibt es schon häufig, daß sie sich dreimal am Wochenende besaufen. Man trifft sich halt in einer Kneipe oder Disco oder in der Stadt. Manche aus der Oberstufe haben in der City eigene Wohnungen, nur für die Wochenenden. Ich gehe außerdem immer am Samstagvormittag in die Stadt. Entweder kaufe ich was oder auch nicht.

Viele arbeiten am Wochenende oder eine Woche in den Ferien, und dann haben sie halt wieder Geld.»

Andreas Oth, Altachtundsechziger, Direktor einer Gesamtschule und einigermaßen vermögend: «Wir setzen bei unseren vier Kindern sehr enge Grenzen beim Taschengeld. Jedes Jahr gibt es 50 Pfennig mehr, ab und zu einen Inflationszuschlag, aber der ist Verhandlungssache. Ich finde es nicht schön, wenn andere Kinder in der Klasse weniger haben, besser, man selbst verzichtet auf was. Deutlich wird es doch überall, daß diejenigen Eltern, die sich am wenigsten kümmern, das meiste Geld rausrücken. – Auf Klassenfahrten ist es immer ein Kampf um die berühmten vorher festgesetzten 20 bis 25 Mark, die alle für eine Woche mitbekommen sollen. Die meisten haben mehr dabei. Und natürlich verpulvern diejenigen am raschesten ihr Geld und sind pleite, die am meisten eingesteckt hatten. Einer hatte zum Beispiel 200 Mark dabei. Um dem vorzubeugen, sammle ich manchmal, zum Beispiel auf Kanufahrten, das mitgebrachte Geld ein und rücke es erst wieder heraus, wenn wir es alle brauchen, beim Essengehen oder so. – Aber Bescheidenheit ist wohl auch eine Charakterfrage, nicht nur ein Erziehungsproblem. Unser ältester Sohn, der 19 ist, ist sehr konsumorientiert, dafür unsere Dritte, die Tochter, überhaupt nicht. Sie steuert da schon sehr frühzeitig gegen, hält es auch ziemlich konsequent durch.» – Doch schaut man ihr Kinderzimmer an, unterscheidet es sich keineswegs von anderen, so vollgestopft wirkt es. Üppig auch ihre Sammlungen von Schminkpaletten und Seifenstücken, von Blumenvasen und Puppen-Tieren. Aber Tatsache ist, daß sie andererseits im Jahr 1990 auf ihr großes Weihnachtsgeschenk verzichtet hat, um das Geld für Pakete nach Leningrad auszugeben.

Matthias Debrowski, Jahrgang 1950, Vater von sieben Kindern und Professor für Ernährungswissenschaft: «Ich lebe mit eigenen Wünschen und transformiere sie ganz bewußt in

Nichterfüllung. Man kann ja Wünsche auf zweierlei Art töten: indem man sie erfüllt und den Kram kauft oder indem man darauf verzichtet. Ich bekomme zum Beispiel einmal im Jahr einen Autorappel und gebe dem ganz bewußt nach, hole mir Prospekte, interessiere mich für die Details, schaue mir Autotypen an. Und meist finde ich dann, daß es das alte auch noch macht. Eigentlich immer. Höchstens kaufe ich dann eine Nebelleuchte. Notfalls muß was am alten Auto gestrichen, oder es muß einfach nur mal ordentlich saubergemacht werden. – Das finde ich eine gute Methode, mit der Wunschwelt fertig zu werden.

Mein Sohn Ulrich scheint da auch ungewöhnlich diszipliniert zu sein. Er kann mit seinen zehn Jahren über verhältnismäßig lange Zeiten viel ansparen. Und sogar seine Wünsche dabei verändern. Einmal wollte er einen Walkman für 20 Mark kaufen. Fand ich totalen Quatsch wegen der schlechten Qualität und sagte: Wenn du dir einen für 50 Mark kaufst, dann bekommst du von mir 20 Mark dazu. So entsteht eine Spannung: 20 Mark bereits gespart, 20 bekommt er, und zehn Mark muß er noch sparen. Und er machte dann solche Sachen wie Autowaschen und verdiente sich Geld damit. Aber allmählich hat sich bei ihm herauskristallisiert, daß er doch viel lieber ein Kassettenradio haben will, weil der Sound besser ist. Und darüber denkt er nun schon seit fünf Monaten nach und spart.»

Wie Stefan Müller, der mit seinen neun Jahren schon 120 Mark angespart hat. Wenn er jedoch einen Gegenstand sieht, den er eigentlich gerne besitzen würde, dreht und wendet er ihn und kann sich nicht zum Kauf entschließen. Wenigstens nicht von seinem eigenen Geld. Wenn Mutter zahlt, kennt er keine Bedenken.

Es ist verblüffend, wie bewußt und kalkuliert dieser Neunjährige mit Geld umgeht. Auf die Frage, was sie glücklich mache, antworten die meisten Erwachsenen und Kinder: Wenn ich im Bett liege, Schmusen, wenn wir uns alle vertragen, wenn ich angle oder etwas Tolles gebastelt habe. Stefan Müller dagegen fällt spontan ein völlig anderes Beispiel für ein Glücksmoment ein. Es bringt ihm Freude, ein Schnäppchen machen zu können. «Wenn ich etwas bekommen habe, und dann gehe ich in ein anderes Geschäft, wo es das gleiche gibt. Aber da kostet es viel mehr Geld. Und wenn meins zu dem günstigen Preis außerdem das letzte Exemplar war, dann bin ich so richtig glücklich.»

Den Entzug von Taschengeld als Strafe gibt es offensichtlich nur noch selten. Als zu hart stellen sich die Eltern einen konsumfreien Monat für ihr Kind vor. Oder wäre es für sie selbst eine Strafe? Da ergeben sich nämlich unerwartete Probleme. Verbringt doch der Teenager im Durchschnitt drei mal drei Stunden in der Woche beim Shopping außer Haus, wie eine Untersuchung in Münster ergab (Carola Teske, 1989). Fiele diese Freizeitbeschäftigung weg, dann würde zu Hause die ätzende Langeweile, der totale Frust, die große Nörgelei ausbrechen. Nicht auszuhalten! Auch die Kommunikation in den Familien, die sich zu einem Großteil um das Thema Konsum dreht, wäre vollends gestört. Zahlreiche Untersuchungen haben belegt, daß sehr viel seltener über Probleme der Politik, der Umwelt, über soziale Themen und ethische Probleme gesprochen wird als über solch weltbewegende Fragen wie Benetton oder Armani, Sony oder Lacoste, Fiorucci oder Fred Perry (*Spiegel*, 31.7.1989). Der Generationenkonflikt ist aufgehoben, wird reduziert auf die Vater, Mutter und Kind gleichermaßen interessierende Frage: Spieglein, Spieglein an der Wand, wer trägt die schönste Designer-Jeans im Land?

Die Problematik des Geldes ist unauflöslich mit dem Thema Autonomie verknüpft. Nur wer Geld hat, ist autonom. Eine Binsenweisheit. Simone de Beauvoir schreibt in ihrem Klassiker von 1949 «Das andere Geschlecht» über die finanzielle Abhängigkeit der Frau: «Arbeit allein vermag ihr eine konkrete Freiheit zu garantieren» (S. 638), womit sie bezahlte Berufstätigkeit meint. Ähnlich ist die Situation von Jugendlichen. Auch hier bedeutet die finanzielle Abhängigkeit von den Eltern, und die reicht bei immer längeren Ausbildungszeiten bis zur Mitte, sogar bis zum Ende des dritten Lebensjahrzehnts, ein Defizit an Autonomie. Dieses Defizit wird aufgewogen durch Annehmlichkeiten, durch den Servicebetrieb zu Hause mit gebügelter Wäsche, Automitbenutzung, geputztem Zimmer, vollem Kühlschrank und mit einem monatlich garantierten Gehalt. Sich abnabeln heißt heute nicht mehr, Kämpfe um moralische Positionen auszufechten, um Sexualität vor der Ehe, die richtige Berufswahl oder, wie noch vor einer Generation, um die Länge der Haare zu kämpfen und um den Zeitpunkt des nächtlichen Nachhausekommens. Nein, sich abnabeln heißt heute, auf den Komfort, den selbstverständlichen Konsum und den Eltern-Luxus freiwillig zu verzichten.

Matthias Horx beschreibt in seiner Zeitgeist-Reise «Die wilden Achtziger» (1987) einige Fälle, in denen die grünliberalen, verständnisvollen, bis zum Exzeß toleranten Eltern aus der Achtundsechzigergeneration voll Bitterkeit und Selbstvorwürfen schließlich das Zusammenleben mit ihren extrem narzißtischen, asozialen, fast autistisch wirkenden erwachsenen Kindern nicht mehr aushalten und sie rausschmeißen. Und sie beginnen, über bislang verpönte Begriffe wie Autorität und Strenge zu meditieren. Diese Situation ist eine Folge ihrer Weigerung, sich selbst als Eltern zu definieren. Große Schwester, toleranter Freund wollten diese Nicht-Eltern sein, sie boten Verständnis und ein Leben im Komfort, jedoch kein Gegenüber. Horx zitiert in diesem Zusammenhang eine 17jährige: «Wenn ihr mir schon nicht sagen könnt, wo's langgeht im Leben, wären 1000 Mark Dauercash im Monat wenigstens angebracht» (Horx, 1987, S. 84).

2 Ernährung: Vom süßen Leben

Die Gourmet-Babys, diese mit Aromen aus den Säuglings-Gläsern verwöhnten Geschöpfe, werden älter, lernen sprechen und ziehen ins süße Leben hinaus. Eine ihrer ersten Aufgaben wird es sein, die 400 Gramm Süßigkeiten, die laut Statistik jedes einzelne von ihnen täglich im Durchschnitt konsumiert, herbeizuschaffen und zu vertilgen. Das wird erleichtert durch das flächendeckende Angebot von verzukkerten Seligkeiten, von versüßten Fußballbildern, von Lollis und Popcorn, von Smarties, Gummibärchen und Überraschungseiern. Als ob das Leben eines Kindes erst lebenswert würde durch die enorme Spannung vor dem Öffnen solch eines Produkts. Der strahlende Kinderblick, der nach Sekunden seinen Glanz verliert, so daß das Ritual häufig wiederholt werden muß, belohnt nicht nur die Eltern, die von allen gesunden Ernährungs-Idealen weit Abstand halten. Konkret profitieren davon die Zahnärzte und die Süßwarenfabrikanten. Denn, so sagte die Münchner Marktforscherin Brigitte Melzer-Lena in dem Fernsehfilm «Kinder, Knete und Konsum»: «Die Industrie macht sich wenigstens die Mühe richtig hinzuschauen, was Kinder wollen.» Die Produzenten schauen nicht nur richtig hin bei diesem Milliardengeschäft, sie überbieten sich mit klebrig schönen Überraschungen und immer greller werdendem Eß-Kitsch. Das

Geschäft ist so lohnend, daß die Süßwarenindustrie sich ihren Werbeaufwand 300 Millionen Mark im Jahr kosten läßt. Kein Wunder, daß bereits 20 Prozent der Kinder und Jugendlichen übergewichtig sind und daß vier Fünftel der Bevölkerung auch als Erwachsene Gewichtsprobleme haben. Daran verdient wiederum die Diät-Industrie. Die Schüler in Baden-Württemberg können auf einen traurigen Rekord verweisen: Sie haben die schlechtesten Zähne Europas. Bereits bei 60 Prozent von ihnen sind 1990 kariöse oder fehlende Zähne festgestellt worden (*dpa* 17.1.1991).

Exkurs über das Orale

Babys werden heute nur noch selten ausreichend lange gestillt, überwiegend von grünen und intellektuellen Müttern. 20 Prozent der Frauen stillen überhaupt nicht, 70 Prozent stillen bereits nach sechs Wochen ab, obwohl fünf bis sechs Monate von Ärzten angeraten werden, und das trotz der kontrovers geführten Diskussion um den Giftgehalt in der Muttermilch. Stillen ist billig, psychisch und physisch notwendig, auch unkompliziert. Und: Kein Produzent und Zwischenhändler kann daran verdienen. So viel Natur-Zustand verunsichert. Und eben deshalb versucht die Werbung just hier anzuknüpfen, um den sogenannten «natürlichen Muttermilchersatz» zu propagieren.

Die Psychoanalyse geht davon aus, daß ein nie gestillter oder früh entwöhnter Säugling eine gestörte Körperbeziehung entwickeln wird. Denn das mit der Flasche gefütterte Baby erreicht niemals den Grad an Zufriedenheit wie ein durch die körperliche Zuwendung gesättigtes und gestilltes Kind. Aber das Saugen an der Brust befriedigt nicht nur, sondern bewirkt durch die intensiv aktivierte Verbindung zwischen der Mundzone und dem Stammhirn eine harmonische Entwicklung des Trieblebens. Das nichtgestillte Kind ist ein «zur Autoerotik gedrängtes Individuum, dem schon die orale Phase keine sinnliche Befriedigung gewährt, [es] muß zeitlebens auf orale Wünsche fixiert bleiben und selbstbezogen alles, was es bei anderen sieht, in einem weiteren Sinn ‹sich einverleiben› trachten… Vieles spricht dafür, daß hier eine sehr wesentliche Ursache süchtiger Konsumwünsche zu finden ist», so der Psychoanalytiker Wolfgang Schmidbauer in seiner kritischen Studie «Weniger ist manchmal mehr. Zur Psychologie des Konsumverzichts» (1990). Die orale Frustrierung durch Entwöhnen, die von der Babynahrungsindustrie massiv unterstützt wird, legt bereits in den ersten Monaten die Grundlage für die spätere Disposition des Immer-mehr-haben-Wollens. Wobei die Werbung nach dem Motto agiert: möglichst früh, möglichst intensiv, möglichst flächendeckend ein Grundbedürfnis nach Konsum überhaupt zu produzieren. Quasi als innere Haltung.

Für diesen Menschen, der oral fixiert, also letztlich unbefriedigt geblieben ist, wird es später das höchste Glück bedeuten, passiv vor dem Fernseher zu sitzen, zu knabbern, zu trinken, zu glotzen. Zwischenzeitlich rast er in die Geschäfte, um seine Konsumwünsche alsbald zu stillen. Wobei auch dieses «Stillen» nur ein kurzes Vergnügen, keine vollständige Befriedigung sein wird. Der Psychoanalytiker Erich Fromm schrieb schon 1956 in seinem Best- und Longseller «Die Kunst des Liebens»: «Das Glück des Menschen besteht heute darin, sich zu vergnügen. Vergnügen liegt in der Befriedigung des Konsumierens und ‹Einverleibens›: von Waren, Bildern, Essen, Trinken, Zigaretten, Menschen, Zeitschriften, Büchern und Filmen. Alles wird konsumiert, wird geschluckt. Die Welt ist nur für unseren Hunger da, ein riesiger Apfel, eine riesige Flasche, eine riesige Brust.» Dieses Vollstopfen, diese Ablenkungen werden schließlich zwanghaft gebraucht, gesucht, leicht und überall und jeden Tag gefunden, und es wird immer zwanghafter wiederholt werden müssen. Denn die kleinste Entsagung, die geringste Lücke im Befriedigungssystem läßt Spannungen und Ängste entstehen.

Das Leben wird bereits in den ersten Wochen zum reinen Zuckerschlecken mit gesüßtem Tee, gesüßten Frucht- und Obstsäften, gesüßtem Brei, gesüßtem Zwieback, gesüßter Gläschenkost. Zucker schmeckt auch dem kleinsten Persönchen, das aus diesem Grund schon sehr bald mehr ißt und trinkt, als Hunger und Durst gebieten. Bei den jüngeren Schulkindern sind zwei zuckerhaltige Zwischenmahlzeiten sogar bei ernährungsbewußten Eltern erlaubt und gelten als normal (Ergebnis einer Verzehrstudie des Dortmunder Forschungsinstituts für Kinderernährung, zit. in: *Natur* 3/1990). Selbst diese sich als kritische Verbraucher einstufenden Eltern fallen auf den Werbetrick mit der Vitaminisierung herein. Sie glauben, daß künstliche Vitamine aus Bonbons und doppelsüßen Kolleg-Snacks quasi «gesunder» Naschkram sei. Und sie meinen tatsächlich, der Anteil an Milch in der Milchcreme-Schnitte, diesem Pausenfüller, sei so hoch, wie die Werbung behauptet. Dabei wird pro Schnitte noch nicht einmal ein einziger Eßlöffel Milch verarbeitet, ein kleines Schlückchen. Während der Zuckeranteil ein Viertel des Volumens ausmacht.

Wenn die Kinder größer werden, beginnt die konkrete und zielgerichtete Beeinflussung durch die Reklame. Jugendzeitschriften zum Beispiel sind voll von Anzeigen für spezielle Kinderprodukte, doch werden neuerdings auch Anzeigen geschaltet, die für Erwachsenenprodukte werben. Etwa für «Batida de Coco», ein alkoholisches Fruchtgetränk, für Autos oder für Kosmetikartikel. Der Grund: Die Firmensignets sollen sich frühzeitig im Kindergedächtnis einnisten.

Andreas Oth, ein Pädagoge, berichtet von seinen Schülern: «Wir hatten früher, in den 60er Jahren, doch ein absolut unproblematisches Verhältnis zu Süßigkeiten, obwohl auch damals die Zahnärzte vor zuviel Zucker warnten. Heute ist das alles sehr viel ideologischer gefärbt. – Ein Großteil der Jugendlichen gerät während der Pubertät in einen Clinch mit den normalen Eßgewohnheiten. Zu 30 Prozent, würde ich schätzen, sind sie eßgestört, bei zehn Prozent nimmt es bedrohliche Ausmaße an in Richtung schwere Magersucht. Das ist auch ein Konsumproblem, eine Antihaltung, die ekeln sich richtig vor dem vielen Essen. Dahinter steckt das Wissen, daß bei uns viel zu viel gegessen, aber in den meisten Ländern gehungert wird. Und daß die Menschheit natürlich die vorhandenen Nahrungsmittel besser verteilen könnte, gerechter. So gesehen ist Essensverweigerung eine Protesthaltung.»

Wie die Magersucht stellt auch das «Essen ohne Hunger» oder die Bulimie eine Ersatzbefriedigung dar. Dahinter verbirgt sich ein Hunger nach Emotionalität, der bei Chips und Pizza, Schokolade und Eiskrem eine Sättigung sucht. Oder in der Verweigerung. Dieses verdeckte emotionale Defizit wird permanent geleugnet. Statt dessen wird eine Scheinlösung praktiziert: der Kampf um die Linie. «Man kann nie dünn genug und nie reich genug sein», verkündete die Herzogin von Windsor.

Eine Perversion der Überflußgesellschaft ist es, wenn die schlanke Linie über Sein oder Nicht-Sein entscheidet. Der eigene Körper wird «zum narzißtisch-autistischen Gegenstand allen Sehnens oder Handelns, kann zur Ersatzwelt werden. Alle Sehnsüchte, alle Revolten, alle Kämpfe gelten dem eigenen Körper, er soll nach fremden, feindlichen Gesetzen funktionieren. Nicht die Lebensumstände und die Welt sollen sich ändern – der Körper soll es.» (Schwarzer, 1984) Da werden um Kalorien und Diäten Kämpfe ausgefochten, die (in manchen, meist weiblichen Fällen) tatsächlich alle Kraft, alle Phantasie, alle Potenzen kosten. Die Folge ist (vielleicht) ein in jeder Hinsicht reduziertes Leben gegen die eigene Natur. Die Willensenergien werden vergeudet, von wichtigeren Dingen abgezogen.

Ein anderer Aspekt der Ernährungsproblematik: Noch nie in der Menschheitsgeschichte gab es diesen Überfluß. Noch nie Regale in den Geschäften mit 125 Brotsorten, 400 Käse-Varianten, Obst aus allen Ländern der Erde zu allen Jahreszeiten. Die Anzahl der unterschiedlichen Gummibärchenformen ist unüberschaubar. Und dann das eßbare Spielzeug! Selbst Malstifte, Radiergummis und dergleichen können gegessen werden. Oder andersherum: Gummibärchen hängt man sich als Schmuck ans Ohr und um den Hals. Mit diesem Superangebot an Nahrungsmitteln können viele Menschen nicht zurechtkommen. Wie in der Altsteinzeit ist Homo sapiens sapiens auch heute noch auf Fettspeicherung für Notzeiten programmiert, obwohl diese bei uns nicht in Sicht sind. Auch essen wir meist so viel, als müßten wir täglich schwere Feldarbeit verrichten.

Anna Alphedam, 37 Jahre alt und Erziehungswissenschaftlerin: «Für mich ist es heute immer noch so etwas wie Sünde, wenn ich ins Kino gehe und jemand eine Tüte Süßigkeiten kaufen sehe. Damit assoziiere ich die totale Verschwendung, das absolute Prassen. Das kommt von früher, vom Verdikt der Eltern, doppelt zu genießen. Kino ist schon etwas Tolles, Bonbons auch, also genieße ich lieber beides getrennt, hebe mir sozusagen die Bonbons für eine andere Gelegenheit auf, wenn es trist ist. – Eigentlich eine sinnvolle Methode. Ich fände es auch schade, wenn ich Kino mehr mit Süßkram als mit der Freude an einem neuen Film verbinden würde. Die Psychologen sprechen von einem Reiz-Reaktionsschema, wenn zum Beispiel automatisch das Kino oder der Ausflug mit dem Essen von Süßigkeiten verknüpft wird.

Und dieses Schema, diese Erwartungshaltung, die ungeheuer schnell geprägt werden kann, ist pädagogisch bedenklich.»

Ein weiteres Beispiel für dieses Verhalten sind Zoobesuche. Die meiste Zeit verbringen die Kinder dabei auf den Spielgeräten und beim Anstehen nach Eis. Das Eigentliche, das Anschauen der Tiere, wird zweitrangig, wird zum Vorwand für ganz andere Bedürfnisse, die jeden Tag sowieso vorhanden sind. Der Zoobesuch als Ausnahmeveranstaltung wird somit degradiert, bekommt ein alltägliches, ordinäres Gesicht. Warum dann nicht gleich auf einen Spielplatz gehen, warum nicht im nächsten Supermarkt Süßigkeiten kaufen?

Magdalena Belmonte, 38 Jahre alt, macht mit ihrem Mann und den vier Kindern zwischen zehn und drei Jahren häufig Bergwanderungen. Sie ärgert sich, daß auf fast jedem Gipfel Wirtshäuser, auf alle Fälle Verkaufsbuden zu finden sind. «Das ist immer so ein brutaler Gegensatz: hier die wunderschöne Natur, die Stille, die Ruhe, die die Kinder ungeheuer genießen können, weil ihr Vater mit ihnen Vögel und Rehe beobachtet, ihnen viel ornithologisches Wissen beibringt. Und dann, wenn man genüßlich Rast machen will – und Picknicks gehören für mich zum Schönsten überhaupt –, dann klotzt sich solch eine Bude mit bunten Fähnchen, riesigen Papierkörben, grellen Schildern mitten in die Landschaft. Diese ‹Hütten› verschandeln die Gegend, stehen so häßlich wie Tankstellen da. Und sofort geht die Nervung los, daß die Kinder was kaufen wollen, obwohl wir natürlich Picknick eingepackt und alles gemeinsam hochgeschleppt haben. Diese Situation versuche ich zu entschärfen, indem wir schon vor dem Gipfel Pause machen, so daß sie satt sind, wenn die Verlockungen sichtbar werden.»

Der österreichische Alpenverein hat dieses Dilemma erkannt und alte Ideale aktiviert. So dürfen künftig keinerlei

Nahrungsmittel in abgepackter Form in den Berghütten verkauft werden. Auch Bierdosen sind ersatzlos gestrichen. Außerdem muß der Abfall komplett zu Tal gebracht werden. Immerhin sind es 1000 Tonnen Müll im Jahr, die 850 000 Wanderer produzieren. Außerdem soll keine Bettwäsche mehr ausgegeben werden, um die Belastung der Gebirgsgewässer durch die große Wäsche zu vermindern. Jeder bringt seine eigene mit. Auch werden alle Duschen demontiert, die Katzenwäsche muß reichen und verleitet nicht zu exzessivem Verbrauch von Dusch- und Badezusätzen. Der Hüttenzauber wird wieder spartanisch, Askese ist im Kommen (*Süddeutsche Zeitung*, 8. 10. 1990).

Maria Hubertus, eine Mutter von fünf Kindern zwischen 21 und sieben Jahren: «Bei den Süßigkeiten haben wir uns sehr geändert. Die Großen haben damals viel mehr gekriegt, die beiden Jüngsten habe ich fast zuckerfrei erzogen. So vor zehn Jahren ist einem das zu Bewußtsein gekommen, wie schädlich der Zucker ist, und nicht nur für die Zähne. Ich weiß nicht, ob es da einen Zusammenhang gibt, aber Elisabeth, unsere Älteste, ist ziemlich viel krank. Sie ernährt sich grauenhaft, lebt jetzt als Medizinstudentin in Salzburg. Sie hat sich einfach nicht auf Vollwertkost umstellen lassen.»

Und Sophie, ihre 13jährige Tochter, sprachgewandt und immer sehr grundsätzlich: «Wir haben schon sehr früh viel von Vitaminen gehört. Deswegen lege ich ziemlich großen Wert auf gesunde Sachen. Nein, mein Taschengeld gebe ich nie für Süßes aus, das ist mir zu doof.»

Jeder Erwachsene kennt zur Genüge die Tricks im Supermarkt: Das verlockende Süße liegt – impulsstark plaziert, wie die Marketingsprache es so treffend formuliert – dort, wo man sich am längsten aufhält: vor der Kasse, wo man Schlange stehen muß, direkt in Kinderhandhöhe. Einfach zum Greifen, zum Hineinbeißen nah.

Noch einmal Magdalena Belmonte: «Von meinen Eltern

habe ich das Prinzip übernommen, daß man Naschzeug einfach nicht braucht. Früher gab uns unsere Mutter, auf Anraten einer damals schon sehr fortschrittlichen Kinderärztin, nur die ungeschwefelten Rosinen aus dem Reformhaus, die ja extrem süß sind, aber halt eine natürliche Süße haben und deswegen irgendwann auch befriedigen und nicht dieses leere Gefühl nach mehr, mehr, mehr hinterlassen. Ich will auch nicht in die Abhängigkeit kommen, jedem Kind jeden Wunsch quasi erfüllen zu müssen. Und die Kinder betteln nie, wenn sie mit mir in den Supermarkt gehen. Weil sie nie etwas bekommen haben. Sie betteln höchstens mal die Wurstverkäuferin an. Sie kriegen zu Hause viel Obst, dürfen auch jederzeit sich selbst Schwarzbrot abschneiden. Wenn sie vom Spielen oder Treckerfahren auf dem Hof ins Haus kommen und riesigen Hunger haben, ist schönes Schwarzbrot doch etwas Herrliches. Außerdem steht immer ein Krug mit Kindertee in der Küche, natürlich ohne Zucker. Davon können sie sich jederzeit nehmen. Das ist sowieso nur eine Frage der Gewohnheit, ob man Zucker in den Tee braucht oder nicht. Ich habe es mir mühsam, auch wegen der Kalorien, abgewöhnt und deswegen den Kindern erst gar nicht angewöhnt. Denn ist der Geschmack erst ruiniert...»

Und dann erzählt sie eine schier unglaubliche Geschichte aus der Zeit, als sie noch nicht auf dem Land lebten, sondern mitten in einer Großstadt. «Joseph, unser Ältester, war 1984 drei Jahre alt, als er einmal bei seiner Großmutter ein Paket auspacken durfte. Darin war eine Tafel Schokolade. Er wikkelte sie aus, guckte dieses braune Ding an und fragte, was das sei. Gott sei Dank waren etliche Erwachsene als Zeugen anwesend, denn sonst hätte mir niemand geglaubt, daß ein Dreijähriger tatsächlich nicht weiß, was Schokolade ist. – Und ich merke auch, daß meine Kinder, wenn sie für ihre Verhältnisse viele Süßigkeiten bei anderen gegessen haben, sehr schnell ungeheuer unruhig und aufgedreht werden.»

Joseph Belmonte, ihr Zehnjähriger, kennt noch andere Geschichten: «Weißt du, wir kriegen manchmal vom Papi ein Eis. Aber wir erzählen es dann lieber nicht der Mami.» Eine kleine Inkonsequenz, denn auch der Vater ist der Ansicht, daß Schleckereien etwas Besonderes bleiben sollen. «Mein Horror ist, daß die Kinder ihre Genußfähigkeit verlieren, daß sie abstumpfen. Deswegen gibt es zwar manchmal ein Eis von mir, aber ich kaufe zum Beispiel nie Schokolade in ihrer Gegenwart, auch wenn ich dazu Lust hätte.» Und die Kinder ihrerseits finden es ganz schön subversiv, mal ein kleines Geheimnis vor der allmächtigen Mutter zu haben und das Kribbeln des schlechten Gewissens mit dem Vater zu teilen.

Der Kampf um das Süße, der Frust auf beiden Seiten, das Gequengel, die mürben Elternnerven. Matthias Debrowski, siebenfacher Vater und Professor für Ernährungswissenschaft, Jahrgang 1950: «Bei uns zu Hause, da gab es tatsächlich eine geradezu krankhafte Sparsamkeit. Aus Prinzip! Wir durften als Kinder noch nicht einmal trinken, wenn wir Durst hatten. Auch gab es das nicht, daß man pausenlos diese verarbeiteten Lebensmittel wie Riegel und Milchschnitten und solch ein Zeug konsumierte. Damals hatten meine Eltern auch ein sehr viel differenzierteres System von Belohnungen und Ritualen: Eis zum Beispiel kriegten wir nur am Sonntag. Und jahreszeitliche Dinge wie Schokoladennikoläuse auch wirklich nur zum Advent. Den Genuß sollte man nach Möglichkeit, wie vieles im Kinderalltag, rhythmisieren. Der pausenlose Genuß ist einfach schädlich, weil er nicht mehr seine Funktion als etwas Besonderes erfüllt. – Das Einkaufen im Supermarkt bewältigen wir mit einer strikten Einkaufsliste. Es wird nur gekauft, was auf dem Programm steht: Milch, Käse, Apfelmus. Da gibt es keine Schokolade. – Oder an Tankstellen. Ich bin dann eiskalt und sage: Nein, grundsätzlich kaufe ich nichts in Tankstellen.

Die Kinder brummen zwar rum, aber diese eindeutige Stellungnahme hat eine positive Wirkung. Es geht ja nicht darum, was getan oder nicht getan wird, sondern daß sie eine klare Position spüren. Und wenn wir Milch kaufen, dann Milch und keine Smarties.

Auch kleine Wartezeiten können sinnvoll sein. Wenn die Kinder zum Beispiel am Vormittag nach Süßem quengeln, dann sagen wir: ‹Okay, heute nachmittag machen wir eine gemütliche Teestunde mit Schokokeksen.› Aber die sind dann auch nicht endlos zu haben. Sie müssen ja lernen, daß etwas begrenzt ist und nicht zu jeder Zeit, nicht immer, überall, für jeden zu kriegen ist. Bestimmte Dinge sollen ruhig auch an Situationen geknüpft sein. So wie früher das Sonntagsessen.»

Bei Hubertus, der siebenköpfigen Familie in Bayern, gibt es sympathische, altmodische Regeln, von denen die 13jährige Sophie mit leuchtenden Augen erzählt. Ihr siebenjähriger Bruder stimmt voll mit ein, mit einem leichten Unterton von Stolz auf diese Besonderheiten. Also: «Eier gibt es nur samstags und sonntags, Honig ebenso nur am Sonntag und Kakao auch. Selbstgebackene Weihnachts-Plätzchen gibt es dann auch wirklich erst zu Weihnachten, höchstens mal ein angebranntes oder kaputtes vorher. Und Mandarinen ab Nikolaus. Und dann haben wir noch Servietten, verschiedene fürs Frühstück und fürs Mittagessen.»

Mechthild Bellmann, die 1944 auf einem Forsthof geboren wurde, bekommt ebenfalls einen leuchtenden Blick: «Meine ganz starke Erinnerung an Sonntag sind fünf Becher Kakao, die für uns Kinder fertiggemacht wurden. Die standen so schön in einer Reihe in der Küche. Und dazu ein selbstgebackenes Rosinenbrot. Wochentags gab es nur Milch, deswegen war der Kakao wirklich etwas Tolles, dazu noch richtig selbst gekocht.»

Oliver Belmonte: «An die Kinderzeitrituale denkt man

doch besonders gerne. Bei uns gab es samstags zum Beispiel immer Rindfleisch mit Meerrettich, sonntags zum Frühstück einen Hefezopf. Und das will ich unseren Kindern auch bewahren und kann es nicht leiden, wenn sie jeden Tag an die Kühltruhe gehen, um sich ein Eis herauszuholen. Komischerweise würde das Joseph, unser Ältester, auch nie tun. Der sagt schon manchmal: ‹Aber wir haben doch gestern bereits ein Eis gekriegt›, wenn es sich ausnahmsweise einmal häuft. Die Jüngeren würden einfach nur zugreifen.»

Noch einmal Anna Alphedam: «Bei unseren Großeltern, bei denen wir immer vier bis sechs Wochen in den Sommerferien waren, da gab es die Süßigkeitenschublade. In einer kostbaren Barockkommode war es das oberste, große Fach. Und ich habe heute noch ein Kribbeln im Bauch, wenn ich es aufmache, obwohl wir es natürlich in den vergangenen 20 Jahren, als wir erwachsen waren, eigenständig tun durften. Aber eigentlich habe ich von diesem Erwachsenen-Privileg nie Gebrauch gemacht, obwohl ich sonst schlecht Süßes herumliegen sehen kann. Dort hatte unsere Großmutter Kekse und Schokolade aufbewahrt, die in einzelne Stückchen geteilt wurde, was immer ein Enkelkind machen durfte, und dann wurden sie herumgereicht. Nur nach dem Mittagessen, wenn man vom Eßzimmer zum Mokkatrinken in das Wohnzimmer zurückgekehrt war. Das war fast so etwas wie eine heilige Handlung. Die Schublade blieb immer geheimnisvoll, und sie war es ebenso für die Urenkelkinder. Etwas Magisches ging von ihr aus. Aber es hatte auch etwas mit Stil zu tun, wofür ich schon als kleines Kind sehr empfänglich war. Da wurde die Schokolade zierlich gebrochen und in kleinen Portionen genossen, nicht gemampft, nicht verschlungen, und befriedigte deswegen ungemein. Das ist auch eine sehr konkrete, sinnliche Erinnerung: Niemals haben zwei, drei kleine einzelne Stückchen je so satt gemacht. Natürlich gab es sonst nichts Süßes. Dafür kam unsere Großmutter, die ungemein elegant und aristokratisch war, immer am Vormittag zu uns heraus in den Garten, wo wir tobten oder im Bach Dämme bauten, und brachte auf einem speziellen, unverwüstlichen Kinderteller etwas Obst, weil sie der Ansicht war, daß Kinder regelmäßig, aber wenig essen sollten. Sie hatte schon immer höchst moderne Vorstellungen von gesundem Essen. Und zur Vesper gab es maximal, wenn nicht hauchdünne Sandwiches, dann Honigkuchen mit wenig Butter. Wir haben diese Rituale geliebt, denn bei den Eltern zu Hause gab es die nicht. Da mußten wir nur ordentlich quengeln, und die Mutter rückte Süßes heraus. Ob wir sie dafür mehr geliebt haben? Ich glaube nicht.»

Roland Bergmann, ein Kinderarzt: «Wenn Kinder zuviel zwischendurch essen, dann wird es natürlich oft ein Problem bei den Mahlzeiten. Hinzu kommt, daß diese Kinder auch keine Lust mehr haben, überhaupt etwas zu kauen, sie sind sozusagen kauverwöhnt. Das Schönste sind für sie doch Nudeln, Fischstäbchen, Weißbrot, Wackelpeter, Eis und weiche Pommes. Alles, was so schön rutscht, was man nicht beißen muß. Aber keinen Biß mehr zu haben, hat auch eine psychische Dimension. Denn das Kauen, was ja eine schwere Arbeit für das Gebiß ist, ist ein höchst vitaler und auch aggressiver Akt. Denken Sie an das Zerkleinern von Fleisch zum Beispiel. Da gehört viel Kraft dazu. Wird diese Kraft eingesetzt, werden auch Aggressionen abgeleitet. Und nicht umsonst zieht der Volksmund Parallelen zwischen dem realen Kauen und dem Umgang mit bestimmten Lebenssituationen. Da heißt es doch: sich durchbeißen, an etwas schwer zu kauen oder zu schlucken haben, Biß haben, zu viel hinunterschlucken, das Maul nicht voll bekommen oder einen Kloß im Hals haben. Und dann stelle man sich diese Kinder vor, die keine Lust mehr haben, auch nur ein Stück Schwarzbrot zu kauen, die am liebsten nur weiches Pappzeug schlabbern. Die Folge ist, daß die Kauwerkzeuge degenerieren. Auch der

Speichel, der den Zahnschmelz in vielerlei Hinsicht schützt, kommt nicht richtig in Fluß, das Zahnfleisch wird nicht massiert.»

Felicitas Mantau, eine Mutter von zwei Kindern: «Das Absurdeste habe ich mit einer achtjährigen Nichte erlebt. Sie ist das Nachzüglerkind bei drei Geschwistern. Also: Sie kam angereist, und ihre Mutter hatte eine lange Liste von Nahrungsmitteln mitgegeben, die das Fräulein Tochter nicht essen mag. Keineswegs aus Gesundheitsgründen. Die ersten Tage habe ich darauf Rücksicht genommen. Aber der Erfolg war gleich Null, denn sie meckerte trotzdem beim Essen. Und sofort begannen meine Kinder ins gleiche Horn zu blasen. Sie meckerten bei Sachen, die sie sonst nie beanstandeten. Das wurde mir wirklich zu blöd. Also habe ich mir die Kleine vorgeknöpft und ihr gesagt, daß sie bitte ab sofort mit dem Gemecker bei Tisch aufhören solle. Sie bräuchte nichts zu essen, was sie nicht mag, ersatzweise würde sie halt ein Stück Brot bekommen. Mehr jedoch nicht. Nach 24 Stunden war das kein Thema mehr. Sie aß quasi alles, was auf den Tisch kam. Auch alles von dieser Prinzessinnen-Liste. Ihre Mutter wollte es kaum glauben. Aber sie hat, wie ich es beobachten konnte, selbst keine Konsequenzen gezogen. Zu Hause darf das Kind weiterhin Theater machen.»

Zum Leben der auf orale Genüsse fixierten Kinder gehört – im weitesten Sinne – der Umgang mit Medikamenten. Vielfach und in steigendem Maße verabreichen Kinderärzte, oftmals gedrängt von den Eltern, Psychopharmaka, wenn das Kind über Unruhe, Schulschwierigkeiten, über Schlaflosigkeit usw. klagt. Manchmal besorgen sich die Eltern auch ohne ärztliches Rezept Medikamente für ihre Kinder, vorzugsweise Mittel zur Konzentrationsförderung, Schlaf- und Aufputschtabletten. – Der Kinder- und Jugendforscher Professor Klaus Hurrelmann schätzt den Anteil von psychisch gestörten Kindern und Jugendlichen auf zehn bis 15 Prozent.

Unter psychosomatischen Störungen wie Nervosität, Rükkenschmerzen, Schlafstörungen, Magenbeschwerden haben bereits 40 Prozent der Kinder zu leiden. Die Tendenz ist steigend. Die Ursache sieht er in der Vernachlässigung durch überbeschäftigte, berufstätige Eltern, die ständig Streß für sich und ihre Kinder produzieren (Hurrelmann, 1989). Schon bei geringem Unwohlsein wird dann nach Pillen gegriffen. Und damit wird sehr früh ein Problemlösungsverhalten eingeübt, welches keines ist. Denn grundlegend ändert sich nichts an den Ursachen eines Problems durch die Einnahme von Medikamenten. Aber dieser leichtfertige Griff zur Tablettenschachtel kann schlimme Konsequenzen haben. Er kann bei Jugendlichen und bei Erwachsenen eine Abhängigkeit von rasch wirkenden Tröstern vorbereiten, von den Tabletten, von der Flasche, von den Drogen. Später, wenn das Leben kein Zuckerschlecken mehr ist, werden härtere Tröster gesucht und benötigt als Lollis und Smarties. Dies ist ein Zusammenhang, der in der Diskussion um die Suchtentstehung oftmals zu kurz kommt. «Rauschgift ist das ideale Konsumgut schlechthin: Es verspricht Erleichterung und Freude, so daß der erste Schritt für den Konsumenten leicht gemacht wird. Es verändert Psyche und Körper des Konsumenten so, daß es sich selbst unentbehrlich macht. Ein Stammkunde wird gewonnen... [Die Eltern] schimpfen zwar, aber sie greifen zu Alkohol, zur Zigarette, zu Schlafmitteln, Tranquilizern, Aufputschmitteln. Sie haben dem jugendlichen Rauschgiftkonsumenten die passive Selbstmanipulation durch Genußmittel schon vorgelebt» (Schmidbauer, 1984, S. 122).

3 Klamotten: Von edel bis ultra

Immer stärker wird der erwachsene, aber auch in zunehmendem Maße der kleine Mensch für seine Erscheinung verantwortlich gemacht. Der Drang nach (kosmetischer) Selbstverbesserung kennt fast keine Grenzen, nicht einmal die der körperlichen Unversehrtheit. Schon im Märchen von Aschenputtel lassen sich die gefallsüchtigen Schwestern Fersen und Zehen amputieren, damit die Füße in den goldenen Schuh hineinpassen, als Voraussetzung für die Hochzeit mit dem Prinzen, das heißt für einen sozialen Aufstieg. Kein Märchen, sondern heutige Realität ist es, daß sich in den USA immer häufiger bereits 14jährige Kinder von Schönheitschirurgen zurechtmodellieren lassen (*Der Spiegel*, 15.10.1990). Nasen werden korrigiert, Ohren angelegt, Pos verkleinert und, per Silikon-Implantat, Busen vergrößert. Aus dünn wird dick, und aus dick wird dünn, rauf und runter, hier weg, dort hin. Solche Operationen kosten zwischen 1000 und 10000 Mark, und die werden von den Mittelschichteltern dafür auch bezahlt. Die Kinder kommen unters Messer, um aus ihnen ein perfektes Produkt zu designen. Asiatische Jugendliche lassen ihre Lider und Schwarze ihre breiteren Nasen zum Einheitslook nivellieren. Es lebe Michael Jackson, der androgyne Mutant!

Mode hat von jeher eine doppelte, eine dialektische Botschaft: Mit ihrer Hilfe wollen wir diejenigen nachahmen, denen wir ein höheres Sozialprestige zugestehen. Im Rokoko war es Madame Pompadour, heute sind es Milli Vanilli und Cindy Lauper. Auf der anderen Seite wollen wir durch die Kleidung von denen abrücken, von denen abzurücken uns die Arroganz, das Geschäft, die Cliquen-Normen oder einfach der Spaß und die Wut gebieten. Denn Kleidung symbolisierte schon immer die soziale Position. Und der Mensch ist nun einmal ein «animal symbolicum», wie der Philosoph Ernst Cassirer 1929 befand, und zweitens ein «animal ambitiosum», also ein nach Ehre, Gunst und Beifall süchtiges Wesen, wie es der Soziologe Roland Girtler 1989 in seinem Buch «Die feinen Leute» (1989) beschreibt.

Im Mittelalter war es bei Strafe verboten, die strengen Kleiderordnungen für die einzelnen Stände zu übertreten. Heute wird ein Gruppenmitglied lediglich an den Pranger der Ingroup-Verachtung gestellt. Was auch weh tut. Doch durch die «Demokratisierung der Mode» (König, 1971) ist nicht nur allen Schichten alles erlaubt, nein, auch allen Altersstufen und den Geschlechtern bunt gemixt. Man denke nur an die typische Freizeitfamilie: Mutter, Vater, Tochter, Sohn, nicht selten sogar die Großeltern, alle in Einheitsjeans, Einheitsanoraks, Einheitssweatshirts, Einheitsturnschuhen und bewaffnet mit dem gleichen Eis, der gleichen Limo, den Familien-Hamburger in der Faust. Oder eine Stufe höher. Das andere Ambiente gehorcht zwar anderen Normen, jedoch nicht weniger langweiligen: Der dunkelblau-graue Pullover zu Edeljeans und Collegeslippern, das englische leinerne Herrenhemd respektive die Damenbluse, welche sich durch die enorm kreative Veränderung der Knopfleisten, nämlich rechtsherum vs. linksherum, unterscheiden, werden ebenfalls von groß und klein getragen.

Eine ähnliche Angleichung der Generationen ist zu beobachten, wenn man die Mode unter erotischem Aspekt betrachtet. Im 18. Jahrhundert tragen kleine Mädchen nicht nur die gleichen Kleider wie ihre (aristokratischen) Mütter, nein, auch die gleichen tiefen Ausschnitte, diese Signale von Sex und weiblicher Verfügbarkeit. Heute gibt es eine Renaissance: In immer mehr Werbespots werden kleine Mädchen in erotisiertem Kontext, perfekt als Sexualobjekte gestylt, zur Schau gestellt. (Ganz zu schweigen von einem florierenden Kinder-Porno-Markt übelster Machart.) Und damit wird die Trennung zwischen der Erwachsenenwelt und einer Kinder- und Jugendkultur weiter aufgeweicht. Ob dies zugunsten der Kinder geschieht, darf bezweifelt werden. Zugunsten des (männlichen) Voyeurismus geschieht es allemal. Hand in Hand damit geht eine Infantilisierung der Erwachsenen einher, die sich nicht nur auf die Kleidung bezieht, sondern auf die freiwillige Aufgabe ihrer Autorität, ihrer Geheimnisse, ihrer Eigen-Arten hinausläuft.

Marie Winn, die Autorin des Buches «Kinder ohne Kindheit» (1984), spricht von einem «neuen Mittelalter», wenn jegliche Differenzierung zwischen Erwachsenen und Kindern negiert wird. Die Angleichung in der Kleidung, bei den Freizeitbeschäftigungen, in der Wohnsituation ist nur Symptom. Kinder werden von ihren Eltern immer früher wie Erwachsene behandelt, nicht selten müssen sie als Ersatzpartner herhalten. Sie verlieren ihre «Unschuld», wenn sie in die Ehe-, die Scheidungs-, sogar in die Sexualitätsprobleme ihrer Eltern eingeweiht und mit ihnen belastet werden – eine rücksichtslose Überforderung. Von ähnlicher Hemmungslosigkeit zeugt es, wenn die Erwachsenen in Gegenwart der Kinder über diese und deren Probleme mit Außenstehenden sprechen.

Die Pubertät, dieses Gemisch aus Weltschmerz und Größenwahn, Ekstase und Askese, aus Nachahmung und Autonomie, Narzißmus und Altruismus, aus Körperverliebtheit und Körperhaß, aus nicht mehr Kind und noch lange nicht erwachsen sein, diese Lebensphase drückt sich seit den 50er Jahren in eigenen Moderichtungen aus. Ein Novum in der Geschichte: die Jüngeren wollen nicht mehr wie die Erwachsenen, sondern umgekehrt, die Älteren wollen immer länger, immer angestrengter jung aussehen. «Jugendliche ‹Motorik› stellt sich ein als: Vorwärts. Aufwärts. Innerwärts. Nirgendwärts. Frischwärts... Eine zusätzliche Bewegungskomponente ist in der bundesrepublikanischen Wirtschaftswunderwelt zu konstatieren: nämlich das ‹Frischwärts› der Warenästhetik. Der Bewegungsdrang in Richtung ‹Vorwärts› und ‹Aufwärts› wird in die Konsumwelt abgelenkt. Jugend erweist sich als wesentlicher Marktfaktor; in allen Bereichen wirkt sie verkaufsfördernd, bestimmt auch als wichtigste Trivialmythe der Werbung die Bereiche des Erwachsenseins. Jugend über alles. Sonne und Amore. Schönheitsideal der warenästhetischen Zivilisation ist, daß der Mann als Liebhaber seiner Tochter und die Mutter so jung wie diese erscheint», schreibt Hermann Glaser im Vorwort zur berühmt gewordenen Ausstellung «Schock und Schöpfung. Jugendästhetik im 20. Jahrhundert» (1986).

Exkurs über die Jugendstile der vergangenen Jahrzehnte

Die erste, sich von der Erwachsenenwelt unterscheidende Jugendmode der jüngeren Vergangenheit wurde im London der 50er Jahre von den Teddy-Boys kreiert, die in viktorianischen Grabbelkisten gewühlt hatten, um sich vom sportlichen Adrett-Look der Älteren abzusetzen. Und damit beginnt etwas absolut Neues, nämlich ein rasant expandierender Jugendmarkt.

Zum Beispiel die Jeans. Erbitterte Kämpfe wurden nach 1955 zunächst in den USA, wenig später auch in Europa um sie geführt, Familiendramen kreisten um die Fragen, wie eng sie sein und auch ob Mädchen sie tragen dürften. Ihre Karriere starten die Bluejeans als amerikanische Arbeitskleidung («Nietenhosen» hießen sie zuerst in Deutschland), um schließlich zum jugendlich anerkannten Provokationsmittel im Kampf der Generationen zu avancieren, im Kampf gegen das Establishment. Sie wurden zum Zankapfel zwischen rechts und links, schwarz und rot, alt und jung, Ost und West. Nicht viel später werden die Jeans von ihren ehemaligen Gegnern geliebt. Keiner kommt an ihnen vorbei, sei es an den Billigausführungen oder an den Nobelexemplaren von Armani, Yves St. Laurent, Valentino. Ihr Symbolgehalt wurde noch einmal warenästhetisch umdefiniert, nämlich von einem Jugendprotest- zu einem Massenartikel. Damit hat sie auch eine demokratische Aufgabe erfüllt. Eine Zeitlang wurden in der Jugendmode die sozialen Unterschiede, arm–reich, Dorf–Stadt, durch die Jeans nivelliert. Die Jeansträger und Jeansträgerinnen bekannten sich zu einer weltweiten Egalität.

Moden enthalten immer ein ideologisches Potential. Die Jugendmoden stehen in engem Zusammenhang mit den drei großen Jugendbewegungen nach dem Zweiten Weltkrieg, den Beatniks in den 50er Jahren, den Hippies der 60er und den rebellischen Studenten von 1968.

Eine interessante Variante bietet der sogenannte «Rezessions-Stil», die Moda Povera, die auf einer Ästhetik der Armut basiert. Es beginnt mit zerrissenen Hosen der Jugendlichen und setzt sich alsbald in den sündhaft teuren Kreationen des Yoshi Yamamoto, den Haute Couture-Fetzenkleidern, in den satten, übersatten 80er Jahren fort. Teuer wird, was kaputt, zerschnitten, ausgefranst, verblichen, steingewaschen, was trüb und trist ist. Auch der Fetzenschick bleibt weder den Jugendlichen noch der Haute Couture vorbehalten, er wird zum Massenartikel für jedermann.

Die Kritik der Beatgeneration (etwa Jack Kerouac oder Allen Ginsberg) richtete sich gegen Profitstreben und Statusdenken, gegen die gesellschaftliche Sinnleere und Entfremdung zwischen den Menschen, das immer inhumaner sich entwickelnde Leben auf dem Konsumtrip. Doch blieb es nicht bei abstrakter Kritik, vielmehr suchen sie nach neuen Lebens- und Darstellungsmöglichkeiten. Die Beatniks setzten auf die sinnliche Erfahrung, auf eine antiautoritäre Welt ohne Klassenschranken, Leistungsnormen, Unterdrückung und jedwede Gewalt: «Isn't life the perfect thing to pass the time away?»

Die Flower-power-Bewegung der Hippies propagiert Friedfertigkeit und einen neuen Hedonismus: genießen, gewährenlassen und sich mit Blumen schmücken. Durch diese Haltung fühlt sich die Elterngeneration, das Establishment zunächst tief gekränkt. Denn gleichzeitig lehnen die Jugendlichen auch den bürgerlichen Sauberkeits- und Fortschrittswahn ab. Die etablierte Gesellschaft kann die Panik bald überwinden, als nämlich die Konsumindustrie die Jugendbewegung vereinnahmt und die Protestuniformen ins Kaufhausrepertoire überführt. Was als Provokation gemeint war, wird zur modischen Pflicht für Frau Hinz und Herrn Kunz: längere Haare, Schlabberkleider, Blumiges für sie und ihn. Die spontan entstandene Jugendkultur wird den herrschenden ästhetischen Normen entsprechend entschärft und als neueste Frühjahrskollektion wenig später auf den Markt geworfen. Zusätzlich partizipieren die Erwachsenen sogar an der von den Blumenkindern erkämpften sexuellen Libertinage und ihrem neu definierten Rollenverständnis von Frau und Mann.

Die Blumenkinder begannen mit Forderungen nach einer humaneren Gesellschaft, die Studentenbewegung kämpfte und demonstrierte für Demokratie und die Beendigung des Vietnamkrieges. – Als in den 70er Jahren die westliche Welt von existentiellen Sinnfragen gebeutelt wird und der Club of Rome die Grenzen und ökologischen Gefahren des Wachstums vorrechnet, bricht in der Jugendszene der «Style War» aus. Die Jugendmoden lösen sich nicht mehr ab, sie laufen nebeneinander her. In diesem grellbunten Getümmel markieren die Punks und die Popper die Extreme.

Die Punks huldigen einer Müll-Ästhetik, die ihrer vehementen No-future-no-bock-Haltung entspricht. Der Konsumfetischismus wird von ihnen auf die Spitze getrieben und zugleich verfremdet, bis hin zu den Badewannenstöpseln als Ohrgehänge, bis zu den Sicherheitsnadeln als selbstverstümmelnder Nasenschmuck, den Nagelgürteln, Fuß- und Halsketten aus Eisen. Schwarz, streng, nicht selten brutal ist ihr Outfit. Und damit gelingt es ihnen, ihre grenzenlos toleranten Eltern auch wirklich zu schocken. Aber auch hier wird der Protest kommerziell vereinnahmt. Eine Werbeanzeige im Jahr 1984 verkündet: «Der Kaufhof macht den Punk zum Prunk».

Weniger hart, eher spielerisch in ihrer Überzeichnung ästhetischer Normen sind die New Waver, die sich zwar wie Spießer kleiden, das aber weniger provokant, sondern ironisch meinen. – Anders die Funster: Der Griff in die Mottenkisten aller bisherigen Stile, vom Barock bis zu den Petticoats, von der Elvis-Tolle bis zu den Beatniks, gehört zum Fun der Funster und ihrer Untergruppierungen: der Piraten, Neo-Bolschewiken, Hip-Hoppers und der Gender Bender. Gemixt wird alles, was bunt und hip ist: Frauenkleider mit Bergstiefeln, Davidstern mit Militärorden, Indianisches mit Plastik, Elegantes mit Schrägem. Die Symbole werden verwendet, konsumiert, weggelegt, neu aufgegriffen und wieder beiseite geschoben. Aber diese Symbole «bedeuten nichts mehr. Sie sind nur noch bunte Mosaiksteinchen in einem Mosaik, das nichts darstellt außer einem bunten Mosaik. War ein Stil früher untrennbar mit der Subkultur verbunden, die ihn hervorbrachte, so hat heute eine Verlagerung stattgefunden zum pseudo-individuellen Look. Der Ausdruck wird zum bloßen Eindruck. Die Modeindustrie hat sich darauf eingestellt und liefert die Puzzle-Teile, aus denen sich dann jeder seinen eigenen ‹Stil› zusammenbasteln kann» (Sommer / Wind, 1985, S. 23).

Das andere Extrem in der Jugendmodeszene sind die Popper und ihre brav-schicken Nachfolger. «Sehen und gesehen werden ist des Poppers Glück auf Erden.» Die Reinkultur der Popper ist auf bestimmte Villenvororte und Nobelschulen in den Großstädten beschränkt. Der Popper will sich, koste es, was es wolle, abheben vom Prolo- und Möchtegern-Popper, und das schafft er am besten durch exklusive und teure Kleidung. Dennoch hat sein Stil eine flächendekkende Breitenwirkung. Sauber, nett, adrett und ausschließlich mit Konsumartikeln ausstaffiert, in der richtigen Körperhaltung an der Theke einer Cocktailbar zu lehnen und die anderen mit coolem Blick zu taxieren ist des Poppers liebste Beschäftigung. Die Markenpolohemden, die Rolexuhren, die Kaschmirschals und Designer-Jeans sind für seinen geübten Kennerblick easy zu identifizieren und von den gefälschten Billigprodukten zu unterscheiden. Und darauf kommt es an. – Dieses Taxieren ist der Sport von denjenigen, die unsere schöne, bunte Werbewelt von klein auf verinnerlicht haben, ja die selbst aussehen, als seien sie gerade einer Campari-Reklame entstiegen. Die richtigen Popper sind immer eine kleine Gruppe von Privilegierten, deren goldener Käfig kommod, deren Tennisplätze schick und denen Amerikareisen nichts Besonderes sind. Sie fahren mit 18 das erste Cabriolet zu Schrott, um gleich ein neues zu bekommen, sie wohnen zu Hause im Grünen, aber dürfen ein Flat in der Stadt für die Wochenendbesäufnisse unterhalten, sie hetzen von Verabredung zu Verabredung und haben deswegen keine Zeit, sich die Welt außerhalb ihres eng begrenzten Ingroup-Horizontes anzusehen. Dort, wo das Luxusleben garantiert wird, geht es halt nur noch um Äußerlichkeiten, um Nuancen der Kleidung, und die beherrschen sie perfekt.

Mittlerweile ist für viele Jugendliche die Gestaltung ihres Äußeren quasi zu einem «Religionsersatz», zu einer existentiellen Frage geworden. Der Gruppenzwang, durch die Medien und die Werbung angeheizt und manipuliert, wird immer stärker, so daß bereits 80 Prozent der Opfer von Jugendkriminalität Gleichaltrige sind, denen die Klamotten vom Leib gerissen wurden. Manche Jugendliche, die sich teure Kleidung nicht leisten können, verschaffen sie sich, indem sie andere zum Ausziehen ihrer Lederjacken, Jeans und Turnschuhe zwingen. Einher gehen diese Diebstähle nicht selten mit Körperverletzungen, so der Münchner Oberstaatsanwalt Wolfgang Heimpel (*Süddeutsche Zeitung* vom 24.4.1991).

Kein Wunder, ist doch unsere Gesellschaft eine Gesellschaft der Gleichen geworden, «nämlich ein Riesenheer von rivalisierenden, neidischen Geschwistern. Die Angst, von anderen übertroffen zu werden und schließlich zurückzubleiben, und der Neid auf den anderen, der mehr bekommen oder erreicht hat, durchdringen sämtliche Erlebnis- und Erfahrungsbereiche des modernen Individuums», so die Psychologin Claudia Szczesny-Friedmann (S. 117, 1991) in einer Studie zu den Ursachen unserer «kühlen Gesellschaft». Einer der Gründe ist, daß Kinder immer früher dazu verurteilt sind, sich nur mit Gleichaltrigen abzugeben. Das beginnt in der Krabbelgruppe, im Kindergarten, in der Schule und endet bei den Erwachsenen schließlich für viele im Altenheim. Für die Kinder, zumal die vielen Einzelkinder, bedeutet es, daß sie keine Größeren als Vorbilder finden, daß es keine Jüngeren gibt, denen sie selbst überlegen sind, denen sie aber auch Vorbild, Beistand und Schutz sein könnten. All diese positiven Tugenden werden demnach nicht ausgebildet. Statt dessen kommt es, so Szczesny-Friedmann, zu vielfältigen Rivalitäts- und Konkurrenzerfahrungen, was natürlich auf unsere Leistungsgesellschaft optimal vorbereitet. Denn wird ein Kind nur mit Altersgenossen verglichen, fällt jede kleinste Abweichung enorm auf. Ein zehnjähriger Junge kann, zum Beispiel, hingebungsvoll mit einem sechsjährigen Mädchen spielen; und es ist ihm völlig gleichgültig, ob dieses vielleicht erst den emotionalen oder motorischen Entwicklungsstand einer Fünfjährigen hat. Doch die Mutter, die ihre kleine Tochter mit keinem Geschwister vergleichen kann, wird nur andere Sechsjährige zum Vergleich heranziehen. Und dabei einem «Normierungsdruck» nur schwer standzuhalten vermögen, wie die massiven, aber verdeckt ausagierten Konkurrenzkämpfe zwischen jungen Müttern auf Spielplätzen deutlich spürbar werden lassen.

Der Druck, den Normen zu entsprechen, führt in den Vereinigten Staaten zu bizarren Situationen. Da werden die Upperclass-Kinder bereits in Pre-pre-Nursery-Kurse geschleppt, in Trainingsklassen für einen erfolgversprechenden Start im Kindergarten. Und das wiederum ist eine unabdingbare Voraussetzung für die spätere Aufnahme in exklusive Privatschulen, bei denen nicht selten 800 Bewerber um 30 freie Plätze konkurrieren. Die Folge ist, daß Dreijährige, wohl präpariert und rundum getrimmt durch Erziehungsberater und Testpsychologen, bis zu 20 Begutachtungsinterviews über sich ergehen lassen müssen.

Und so sieht es in der Praxis aus. Hanna Haug, ein kleines Mädchen mit handbemaltem Rüschenkragen aus dem Flanell- und Matrosenkleid-Viertel einer Großstadt, besucht ihre Vettern auf dem Land und fragt, schon mit antizipierender Herablassung: «Warum trägt denn Max heute kein Kragenhemd?» – Auch Max Mantau mit seinen knapp sechs Jahren macht tatsächlich feine Unterschiede: Kragenlose Hemden, sprich: T-Shirts, je bunter, desto ordinärer, sind für den Hof und zum Spielen mit den Dorfkindern für ihn unabdingbar; im Dunstkreis der Eltern wird von ihm auch anderes akzeptiert, sogar goutiert. Aber es muß keineswegs immer das Neueste, Schönste, Beste sein, zumindest nicht bei allen Eltern.

Eine neue Bewertung scheint sich einzuschleichen: je schlichter, je geerbter die Kinderklamotten, desto edler, um nicht zu sagen aristokratischer das pädagogische Image der Eltern. Das alte Geld ziert sich, das neue zeigt sich, oder: Lieber altarm statt neureich. Die Metamorphose der Werte: Da die Mehrheit der Bevölkerung in der alten Bundesrepublik sich für ihre Kinder mittlerweile fast alles leisten kann, sind neue Differenzierungen nötig. Deswegen gilt nicht mehr in allen Familien rosa-lila-teuer-grell als Nonplusultra für die Kleinsten, sondern oft ganz dezent weiß-blau-hellgrau und braun, gedeckt, unauffällig, am liebsten geerbt. Der englische Gentleman des 19. Jahrhunderts exerzierte es vor, als er seine Anzüge vom Butler eintragen ließ und die durchgewetzten Stellen mit Lederflecken markierte.

Die Avantgarde kleidet sich bescheiden. Wolfgang Joop, deutscher Modemacher, verkündet: Die «neue Bescheidenheit» sei in, «das Luxusgequatsche kann ich nicht mehr hören. Darin haben sich die 80er Jahre ergangen. Die 90er Jahre brauchen etwas anderes... Da stimmt was nicht. Accessoires für schwindelerregende Summen, Kleider für 5000 Mark. Und immer neue Kollektionen. Wer soll denn das alles entsorgen?» (*Hamburger Abendblatt*, 26.8.1990)

Aber der Trend zur Bescheidenheit ist vorläufig eine elitäre Angelegenheit. Noch dominieren die Konsumzwänge, sogar von Kriminalschriftstellern werden sie gelegentlich thematisiert: In einem englischen Krimi geht es um einen Familienvater, der zum Erpresser wird. «Ich brauchte Schuhe in dieser Woche. Ich habe nur zwei Paar, und das eine ist fast durchgelaufen, aber Emily begann mit Tanzunterricht. Sie mußte ein nagelneues Trikot, Stepschuhe, Ballettschuhe, alles haben. Wissen Sie, um wieviel mich das zurückgeworfen hat? Um 20 Pfund. Nur weil eine kleine Dreijährige nicht anders aussehen darf als all die anderen kleinen Dreijährigen. Jesus!» (Livingston, 1989, S. 111)

Bixi, vierjährige Tochter der 25jährigen Nadine Karl, ist keine Romanfigur. «Ein Kind kann gar nicht genug haben an Klamotten!» sagt die Mutter. Familie Karl lebt in einem Villenviertel. Das Wohnzimmer, in dem wir sitzen, ist mit alten Möbeln ausstaffiert, die aussehen, als seien sie auf Stilmöbel getrimmt. Die junge Mutter sehr locker, burschikos, fesch in ihren Nobeljeans, der Seidenbluse und den Stiefeletten mit Pelzbesatz. Es schmeichelt ihr, als ich die Kleiderschränke der Tochter zu besichtigen begehre. Ich zähle eigenhändig, präzise Recherche hat schon manche Überraschung zutage gefördert. Hier sind es elf Anoraks. «Wissen Sie, die Farben müssen doch einfach stimmen. Zu diesem bunten zum Beispiel paßt einfach nur eine einzige Hose. Da braucht sie mehrere. Und ich mag es halt, wenn sie hübsch aussieht. Natürlich muß ich sie dreimal umziehen am Tag. Nach dem Kindergarten sieht sie dreckig aus, und dann braucht sie wieder frische Klamotten für abends, wenn wir ausgehen.» – Wir zählen weiter: 43 Pullover und Sweatshirts. Mir scheint, der Stapel sei überwiegend in rosa gehalten. Doch Rosa ist nicht gleich Rosa: «Bixi hat schon einen ganz eigenen Farbgeschmack. Sie weiß, was zusammenpaßt, und sucht sich jeden Tag alles zum Anziehen selbst heraus.» Und da geht es um feinste Farbabstufungen, als ginge es ums Leben. – Weiter gezählt: Bei den T-Shirts ist der Stapel bereits bei Nummer 19 zu Ende. «Aber natürlich sind noch etliche in der Wäsche!», so die Rechtfertigung der Mutter. Hosen gibt es 15. Dafür nur ein einziges Kleid. Aber eine Lederjacke, dieses Lifestyle-Requisit der Imageträger. 500 Mark hat sie gekostet, 500 Mark strahlt sie auch aus.

Die Lederjacke hat der Vater gekauft. Der ist sowieso viel spendabler. «Wissen Sie, ich bin da ja richtig bescheiden. Ich kaufe nicht immer nur Markenartikel, keineswegs. Ruhig auch mal im Kaufhaus. Da ist doch auch nichts dabei. Hauptsache, die Sachen sehen süß aus.» Und die Lederjacke ist ja auch noch lange kein Kinder-Pelzmantel – gesehen in Italien, diesem Kindermodenparadies, für 490000 Lire, rund 700 Mark. «Aber nein, so etwas würde ich Bixi nie kaufen. Ein Pelz für sie käme mir richtig protzig vor», so die Mutter der Lederjacken tragenden Vierjährigen. Und auf einmal ist ihr an inneren Werten gelegen.

Ein anderes Kind, ein ähnliches Milieu. Stefan Müller weiß, worauf es ankommt. Der Neunjährige klappt beim Vater seines Freundes das Jackett auf, um am Markenzeichen zu überprüfen, ob es von Boss ist.

Monika Müller, seine Mutter, erzählt: «Stefan sucht sich schon lange selber das heraus, was er anziehen will. Und zieht sich dann vor der Schule dreimal wieder um. Mir ist das egal, auch wenn er es zehnmal machen würde. Hauptsache, er kommt pünktlich aus dem Haus.» – «Und wer räumt die Klamotten wieder auf?» – Betretenes Schweigen, verlegener Blick: «Na ja, das mache ich natürlich, weil er alles in einem einzigen Knäul über den Stuhl schmeißt. Ich räume weg und schimpfe.» Eine pädagogische Glanzleistung: schimpfen und sich selbst widersprechen, sich selbst nicht ernst nehmen. Kein Wunder, daß Stefan seine Mutter nicht ernst nimmt.

Magdalena Belmonte: «Wir leben auf dem Land. Deswegen ist es auch nicht schwierig, die Kinder von der Stadt mit ihren Verlockungen fernzuhalten. In unserem kleinen Dorf gibt es keine Geschäfte; in dem Städtchen, wo die Schule ist, auch nur Läden fürs Nötigste, also einen Supermarkt und ein

Elektrogeschäft. In der Großstadt würden sie viel häufiger erleben, daß Menschen in Geschäfte, in denen es nicht lebensnotwendige Dinge gibt, reingehen und mit Tüten wieder herauskommen. Und das setzen sie erst einmal gar nicht in Bezug zum Geldhaben und überhaupt nicht zum Geldverdienen. Einmal im Jahr, zum Schuhekaufen, nehme ich die vier mit. Aber dann kaufen wir auch niemals zwei Paare pro Nase, damit sie gar nicht auf die Idee kommen, das könnte immer so sein. Einmal, als die Kinder dabei waren, habe ich wahnsinnig billige, sehr schöne Baumwollhosen gesehen. Die Kinder bekamen je ein Paar und freuten sich unglaublich. Weil die Dinger so preiswert waren, wollte ich unbedingt noch einige auf Zuwachs kaufen, habe es aber heimlich gemacht. Denn bei zwei Hosen wäre die Freude für sie doch nur eine halbe gewesen. Aber dann, einige Monate später, als ich mit ihnen rausrückte, weil sie sie wirklich brauchten, war der Jubel groß.»

Beate Franz, eine Sachbuchautorin, Jahrgang 1937. Sie hat drei Töchter, die sie allein großgezogen und finanziert hat. «Ich komme aus einer Familie, wo zu Weihnachten Federbetten für die Aussteuer geschenkt wurden, worüber ich heulte. Meine Mutter hatte eine andere Art von Fürsorge als ich. Meine eigene finanzielle Situation war später sehr angespannt. Die Kinder haben nie Fragen nach Geld gestellt, wofür ich sehr dankbar war. Als Karin 14 wurde, hat sie den Konsumverzicht sogar noch weiter getrieben. In zerschlissenen Cordhosen ging sie zur Schule, total schlampig, so daß ich einmal zu einem Lehrer sagte, daß ich nicht für das Aussehen meiner Tochter verantwortlich sei. Die Folge dieser Knappheit ist, daß meine Töchter wirklich nur wenige Bedürfnisse haben, die mit Geld zu befriedigen sind. Manchmal denke ich, daß dies der Grund dafür ist, daß sie es nicht für nötig erachten, einen richtigen Beruf zu lernen. Nur die Älteste, die hat sehr zielgerichtet studiert und verdient fabelhaft, aber lebt auch viel angepaßter als ich selbst. Eine Tochter macht Kunst und die andere studiert Philosophie. Die beiden Jüngeren leben sehr spontan, engagieren sich politisch und sozial, sind ungemein kompromißunwillig.»

Christine Franz, die 24jährige Tochter von Beate Franz, zieht ihren kleinen Sohn allein auf. «Nein, wir hatten nie ein Gefühl von Mangel, obwohl wir Schwestern am wenigsten Taschengeld bekamen in der Klasse. Wir waren eher stolz, damit auszukommen. Auch wenn man keine schicken Klamotten hat, wird man nicht Außenseiter. Das stimmt nicht. Das bilden sich oft nur die Eltern ein, weil ihr Kind sowieso nicht beliebt ist. Eine vorgeschobene Argumentation, finde ich. Eine meiner Schwestern hatte mal eine total schlampige Phase. Der Grund war, daß sie sich selbst finden wollte. Aber unsere älteste Schwester, die hat vielleicht wirklich am Mangel gelitten, weil sie sich nämlich anpassen wollte.»

Ruth Oth, Mutter von drei Kindern im Alter von 16 bis sechs: «Ich glaube einfach meinen Kindern nicht mehr, wenn sie behaupten, daß zum Beispiel Turnschuhe für 200 Mark von allen getragen werden. Das sind dann vielleicht zwei Leute in der Klassenstufe, aber nie alle. Aber die Kinder bilden sich ein, glauben fast selbst daran, daß alle diese Schuhe haben. Ich überlege mir sehr viel eher, wenn wir etwas relativ Teures kaufen, wie es auf die Kinder wirkt, deren Eltern wirklich nicht so viel Geld haben.»

Turnschuhe sind keine normalen Schuhe, sie sind ein Bekenntnis, Namensgeber einer Generation. «1968 schickte uns Rudi Dutschke auf den langen Marsch durch die Institutionen. Jetzt ist der erste durch – in Turnschuhen», so der Kommentar des «grünen» Landtagsvizepräsidenten Bernd Messinger zur Vereidigung von Joschka Fischer, dem ersten Grünen im Amt des hessischen Umweltministers. – Wichtig ist der Turnschuh nicht nur in der Politik, auch beim Sport will man richtig angezogen sein. Wie die Marktforscherin

Renate Uenk allen Ernstes behauptet: «Beim Sport spielen Imagefragen eine wichtige Rolle. Entscheidend ist das richtige Outfit. Es ist kein Manko, eine Sportart nicht zu beherrschen. Aber es ist ein großes Problem, dabei falsch angezogen zu sein.» (*Zeitmagazin*, 3.8.1990)

Matthias Debrowski, ein Professor mit sieben Kindern: «Natürlich gönne ich mir anderes an Konsumdingen als meinen Kindern. Ich finde, daß für zweijährige Kinder nicht die gleichen Wertigkeiten wie für Erwachsene gelten müssen. Die Kindheit, das sind doch total andere Zustände. Ich würde mich auch weigern, auf der Konsumebene zu vergleichen. Kinder brauchen doch etwas anderes: Stellungnahmen, Beziehungen, Entfaltungsmöglichkeiten. Wenn mich ein 500 Mark teurer Pullover glücklich macht, muß ich ihn wohl haben. Aber das beinhaltet für mich noch nicht, daß Kinder ebenso teuer ausstaffiert werden sollten.»

Anna Alphedam, Erziehungswissenschaftlerin, 37 Jahre alt: «Ich war als Kind von Verwandten total fasziniert. Die hatten ein großes luxuriöses Haus und einige August-Macke-Originale an der Wand hängen. Ich war oft zu den kleinen Ferien eingeladen und immer wieder verwundert, daß die drei Kinder dort eigentlich nur geerbte Sachen trugen. Aus Prinzip. Auch durfte die 14jährige Cousine nur Shorts, keine Röckchen zum Tennisspielen anziehen. Warum, weiß ich nicht. Aber weil das in solch einer Atmosphäre von Reichtum stattfand, habe ich immer beides assoziiert. Deswegen gehört für mich Reichtum mit Understatement zusammen. Understatement gerade auch in der Kindererziehung. – Die drei Kinder führen dieses Prinzip ihrer Eltern fort, wenn auch nicht mehr mit so viel preußischer Strenge. Und Hanna, die sechsjährige Enkeltochter achtet schon sehr auf die stilvollen Polohemden...»

Das Exklusive konnte aber auch ganz anders aussehen, damals, bevor die Kinderkleidung sportlich, bequem, pflegeleicht, uniform geworden war: «Irgend jemand machte Mama ein Stück horizontblaues Offizierstuch zum Geschenk; eine Schneiderin schnitt daraus für meine Schwester und mich Mäntel genau nach dem Muster der Militärmäntel zu. ‹Da seht nur, sogar ein Militärgürtel ist hinten dran›, sagte meine Mutter zu ihren bewundernden und sich wundernden Freundinnen. Kein anderes Kind trug ein derart originelles, derart französisches Kleidungsstück: Ich fühlte mich dadurch zu etwas Besonderem ausersehen.» So beschreibt Simone de Beauvoir in ihren Erinnerungen an die Kindheit im Ersten Weltkrieg einen patriotischen Mantel (1960, S. 28).

Gisela Westmeyer, Jahrgang 1940: «Früher, nach dem Krieg, war es doch allgemein so, daß zum Beispiel aus alten Anziehsachen neue genäht wurden. Allen ging es genauso. Nur ich war ungeheuer verwöhnt, weil ich das einzige Kind in einer riesigen Verwandtschaft war. Aber man wurde trotzdem nicht motiviert, Ansprüche zu stellen. Das ist ja auch der wahnsinnige Unterschied zur Generation heute. Jugendliche, die heute nicht verwöhnt werden, haben es meiner Ansicht nach schwerer. Ich habe nie Markenartikel für die Kinder gekauft. War nicht drin. Die freuen sich halt über die teuren Sachen, die sie von einer Cousine erben. In der Volksschule war es damals noch kein Thema, was die Kinder anhaben. Das fing im Gymnasium an, daß sie darauf achten. Aber sie haben sich nie beklagt zu Hause. Dazu sind sie zu intelligent, zu realistisch und zu klug. Und später haben sie sich selbst Sachen genäht, die ja auch originell und original waren. Und natürlich machen sie auch Moden mit. Zum Beispiel als Grufties, diese ewigen schwarzen Sachen, schrecklich. Monatelang! Aber gesagt habe ich bei den damals 15jährigen natürlich nichts, denn ich lasse mir ja auch nicht hineinreden, was ich tragen soll. Ich glaube auch, daß sie das Geltungsbedürfnis, das jeder junge Mensch hat, anders befriedigen. Sie sind einfach brillant, machen viel Musik und engagieren sich sozial und sind deswegen ungeheuer beliebt. Das Geltungsbedürfnis ist also verlagert.»

Joachim Westmeyer, ein Pastor: «Ich denke, daß sie diesen ganzen Moderummel auch von außen, etwas mit Verwunderung betrachten. Sie können es als Spiel einordnen, mit ironischer Distanz.»

Judith Westmeyer, die Tochter, eine 18jährige Abiturientin. «Wir wohnen in einer Gegend, wo alle Geld haben. Deswegen sind wir immer taschengeldmäßig ziemlich unten gewesen. Aber das ist Gewöhnungssache. Ich bin sowieso ziemlich fröhlich, mich hat es nie gestört, und wir haben ja auch genügend Kleidung. Und die Hierarchien in der Klasse entwickeln sich nicht aufgrund der Klamotten, sondern wegen der Rahmenbedingungen. Natürlich bilden sich Gruppen, aber viel mehr wegen der gleichen Interessen. Musikgruppen oder diejenigen, die in die Disco gehen. Dazu habe ich einfach keine Lust, aber das ist nur eine Charakterfrage, sonst nichts. Klar gibt es auch arrogante Leute, die nur auf die Kleidung gucken. Mit denen habe ich halt nichts gemein. Wir können miteinander reden, uns nett unterhalten, aber das wäre nie etwas Festes. Ich kann auch gut Wünsche zurückstellen. Meine Mutter sagt, daß Kinder, die heutzutage nicht so verwöhnt werden, es schwerer haben. Eigentlich stimmt das nicht. Vielleicht nur, wenn es um das erste Abschätzen geht. Sonst muß doch noch etwas Charakterliches dazukommen, damit jemand ausgeschlossen wird aus der Klasse. Das liegt nicht an den materiellen Sachen, vielleicht eher an den Idealen, in denen das Kind erzogen wurde.

Die Sache mit den Marken war bei uns auch ganz groß. Aber das verläuft sich. Je älter man wird, desto mehr zählt doch die Originalität. Die Marken, das geht so bis zum Ende der Pubertät, das ist doch kindlich. Finden wir jetzt selbst blödsinnig. Denn ich will doch etwas Eigenes sein, nicht so wie alle anderen.

Ob Bescheidenheit eine Tugend ist? Ja, es ist doch irgendwie menschlich, daß man Rücksicht auf andere nimmt, deren Wünsche respektiert. Sonst wäre das doch Egoismus, glaube ich. Aber Bescheidenheit als Schüchternheit, nein, auch nicht der Gesellschaft gegenüber, oder als Hilflosigkeit, die ist auch nicht gut.»

Margot Schöninger, deren Mann Goldschmied ist und deren fünf Kinder in die Waldorfschule gehen. «Christine hatte mit zwölf Jahren eine Phase, in der sie unbedingt Burlington-Strümpfe haben wollte. Das war vorübergehend. Unsere Kinder stehen einfach gut in der Klassengemeinschaft da, deswegen ist es vielleicht weniger schwierig, sich dem Konsum-Sog zu entziehen. Sie sind beliebt, machen viel Musik, segeln hervorragend. Wir haben mit einigen anderen Familien einen Kleiderring gegründet. Da werden Kleider getauscht und vererbt, die Reste kommen in die Altkleidersammlung. Die Kinder dürfen sich alles selbst aussuchen, das ist natürlich ein großes Fest. – Ich glaube nicht, daß es in den Steiner-Schulen so anders ist als in anderen. Da wird auch wahnsinnig auf die Marken geguckt. Und dann sind schon die 14- bis 15jährigen total lustlos. Denn was kann man ihnen noch bieten, das sie nicht bereits kennen oder haben? Wenn sie dann die Lust am Leben verlieren, dann gibt es schnell Drogenprobleme. Obwohl das in der Steiner-Schule noch nicht vorgekommen sein soll.»

Christine Schöninger, die 17jährige Tochter: «Weil wir weniger Geld hatten, wurden wir nie komisch angesehen. Auch wenn Geldhaben in den unteren Klassen wichtig ist. Damals die Burlington-Socken, die wollte ich unbedingt haben. Meine Eltern fanden das nicht toll, haben mich aber gelassen. Damals brauchte ich das für meine Selbstbestätigung. Das war so in der siebten bis neunten Klasse, daß man leicht

Außenseiter wurde, wenn man die Klamotten nicht hatte. Heute fängt das noch früher an, schon in der zweiten oder dritten Klasse. Die Schicksten in meiner Klasse, die tragen Jeans für 130 bis 150 Mark oder Jeansjacken für 200 oder Lederjacken für 500 Mark. Aber es ist auch total akzeptiert, daß man Secondhand-Klamotten trägt, am besten die abgegriffenen Lederjacken. – Wir Geschwister sind sehr angesehen in der Schule, auch beliebt. Und wir sagen halt nicht, daß wir wenig Geld haben, sondern daß wir viele Kinder sind. Das ist ja auch der Unterschied zu Einzelkindern. Denen wird ewig was gekauft, aber auf Klassenreisen merkt man, daß sie unsozialer sind als Kinder mit Geschwistern. Nein, neidisch war ich nie. Dafür habe ich ja auch Geigen- und Klavierunterricht, da bin ich ziemlich gut. Vielleicht will ich ja mal Musik studieren.»

Conny Buschmann, 19 Jahre alt, hübsch, groß, selbstbewußt, ihre beiden Eltern sind Pädagogen. «Ich bin ein verwöhntes Einzelkind. Was ich besitze? Sechs Hosen, davon aber zwei Jeans von meinem Vater geerbt. Und 15 Pullover, die ich mit meiner Mutter tausche. Ich kriege 160 Mark Taschengeld, aber muß davon auch fast alles bezahlen. Zum Beispiel 75 Mark für den Karate-Kurs. Ich mag das sehr, ein Schnäppchen zu machen, ein T-Shirt für 19 Mark oder so. Jetzt war ich gerade mit meiner Mutter in der Stadt, was wir höchstens zweimal im Jahr machen, sie wollte mir zu Weihnachten einen Skianzug kaufen. Ich hätte auch einen für 100 Mark genommen, aber sie bestand auf einen aus Baumwolle für 380 Mark. Es war erst mein zweiter Skianzug, und aus dem anderen war ich auch wirklich rausgewachsen. In meiner Klasse sind viele Mädchen, die riesige Kleiderschränke haben und jeden Tag etwas anderes an. Die sind auch total aufgemotzt bei Feten. Dafür aber auch meistens oberflächlich, Small talk ist ihr Genre. – Ich habe einen Freund, der wird von seinem Vater total vollgestopft mit Geld. Er ist sehr sensibel, aber er tut mir leid. Ich war mal schockiert, als wir in der Stadt waren und er sich Pullover ansah. Weil er sich nicht entscheiden konnte, nahm er gleich alle drei. Er ist von seiner Mutter verlassen worden, die ihm nie was vorgelesen hat, ihn nie getröstet hat. Sie hatte auch keine Zeit, obwohl sie nicht arbeitete. Und als er in der Schule schlecht wurde, da mußte er ins Internat. Jetzt besäuft er sich jedes Wochenende. Man merkt, er könnte anders sein, aber er ist so unberechenbar, fühlt sich so völlig vernachlässigt. Er spielt nur den Dandy mit seinen Wahnsinns-Klamotten.»

Eine andere Ausprägung des «Dandytums, ein Traum in Goethes Knabenmärchen «Der neue Paris»: «Mir träumte neulich, in der Nacht vor Pfingstsonntag, als stünde ich vor einem Spiegel und beschäftigte mich mit den neuen Sommerkleidern, welche mir die lieben Eltern auf das Fest hatten machen lassen. Der Anzug bestand, wie ihr wißt, in Schuhen von sauberem Leder, mit großen silbernen Schnallen, feinen baumwollnen Strümpfen, schwarzen Unterkleidern von Sarsche, und einem Rock von grünem Berkan mit goldnen Balletten. Die Weste dazu, von Goldstoff, war aus meines Vaters Bräutigamsweste geschnitten. Ich war frisiert und gepudert, die Locken standen mir wie Flügelchen vom Kopfe.»

Schon sehr junge Kinder sehen völlig realistisch, welchen Stellenwert Kleidung bei Gleichaltrigen hat. Manuel Schuhmann ist neun Jahre alt und hat ein unbestechliches Urteil über seinen Freund Stefan Müller: «Der kriegt immer viel Neues. Einmal in der Woche muß er was anprobieren, was seine Mutter gekauft hat. Ein Hemd oder eine Hose. Früher fand er das toll, jetzt ist es für ihn selbstverständlich. Er braucht die Sachen auch gar nicht, denn sein Kleiderschrank quillt über. Er zeigt sie, weil er möchte, daß alle wissen, was er hat. Aber er freut sich schon lange nicht mehr. Über Schuhe aus Amerika oder so.»

Stefan Müller selbst über seine Situation: «Nein, ich gehe nicht gerne einkaufen. Aber mein Vater will, daß ich immer am Samstag mitkomme. Dann sind wir so drei Stunden unterwegs. Eigentlich wünsche ich mir ja kaum noch etwas, weil ich doch alles schon habe. Und Weihnachten will mein Vater mit mir in ein Waisenhaus gehen, weil da doch Kinder sind, die nicht so viel haben. Ich soll mir das mal angucken, wie die leben.»

Wieviel Zeit Jugendliche beim Shopping verbringen, darüber gibt es neuerdings (Teske, 1989) eine erziehungswissenschaftliche Untersuchung aus einer mittelgroßen Stadt: im Durchschnitt dreimal drei Stunden pro Woche. Sprich: drei Nachmittage! Dabei muß man noch berücksichtigen, daß viele Kinder und Teenager am Nachmittag Kurse, Sport oder Musikunterricht haben, das heißt, die Jugendlichen verbringen fast jede freie Minute beim Stadtbummel. Wen wundert es, geben doch die Siebenjährigen zu Protokoll, daß nur noch 60 Prozent von ihnen Spielen als Lieblingsbeschäftigung bezeichnen würden. Bei den Acht- bis Zehnjährigen sind es 50 Prozent, bei den Elf- bis Zwölfjährigen 20 Prozent und schließlich bei den 13- bis 15jährigen nur noch elf Prozent (HAN, 1988). Das Bummeln, Gucken, Suchen, Vergleichen, Kaufen ist offensichtlich zur Hauptbeschäftigung geworden.

4 Kinderzimmer: Paradies oder Spielhölle?

Zimmer nur für Kinder gibt es eigentlich erst seit dem 19. Jahrhundert, zunächst in bürgerlichen Familien. Ein Ausdruck für den Wunsch, sich räumlich vom Nachwuchs zu distanzieren. Die Kinder hatten in den repräsentativen Wohnräumen nichts zu suchen, Kinder sollten nicht zu hören sein, denn die Eltern lebten ihr eigenes Leben, in das nur zu festgesetzten Zeiten den Kleinen Zutritt gewährt wurde. Frisch gewaschen, gebügelt und gestärkt an der Hand eines Kindermädchens wurden sie zur Begutachtung vorgeführt. Thomas Mann beschreibt es spottend: «Alle drei waren weiße, lieblich-verzärtelt lispelnde, um ihre Schleifenkleidchen besorgte, offenbar unter dem Druck des mütterlichen Tadellosigkeitswahns stehende und auf traurige Art von sich eingenommene Schattenpflänzchen und Luxus-Geschöpfchen… Das helle Zimmer, in dem sie aufwuchsen, wo ihre Bettchen standen, und wo Ines sie besuchte, sobald die Ansprüche des Haushalts und die Sorge um ihre eigene Soigniertheit es erlaubten, war mit seinem die Wände umlaufenden Märchenfries, seinen ebenfalls märchenhaften Zwergmöbeln, dem bunten Linoleumbelag und der Welt von wohlgeordnetem Spielzeug, Teddybären, Roll-Lämmern, Hampelmännern, Käthe-Kruse-Puppen und Eisenbahnen auf den Wandborten, das Musterbeispiel eines häuslichen

Kinderparadieses, genau wie es im Buche steht» (1952, S. 445 ff.).

Diese Separierung war auch eine Folge des wachsenden Wohlstandes. Zuvor gab es in allen Schichten ein selbstverständliches Zusammenleben der Generationen. Nach dem Biedermeier war das gemeinsame Wohnen nur noch in ärmeren Familien üblich. Auch heute ist das Kinderzimmer bei der großen Mehrheit der Weltbevölkerung in erster Linie abhängig von den finanziellen, den räumlichen Möglichkeiten.

Die frühbürgerliche Idealvorstellung von einem eigenen Kinderreich wurde durch die oft reproduzierten Darstellungen von Johann Michael Voltz (1784–1858) zum Allgemeingut. In seinem «Bilderbuch für Knaben und Mädchen» hat er biedermeierliche Kinderzimmerinterieurs abgebildet. Ein Beispiel aus seinen Illustrationen: Fünf kleine Mädchen sind zu sehen, ein gemütlicher Ofen, auf dem Kakaotassen stehen, eine Puppenstube, ein Puppenbett, ein Puppenwagen, ein niedriger Kindertisch mit einer Sitzbank davor. Jedes Mädchen besitzt eine Puppe, mehr an kleinerem Spielzeug ist nicht vorhanden. Und das war schon viel. Solch ein Zimmer ausschließlich zum Spielen war ein großer Fortschritt. Viele Kinder mußten sich noch mit einer Schlafstelle oder einem Alkoven mit Kinderbett begnügen. Die Älteren wurden in einer (oft kalten) Dachkammer neben den Schlafzimmern der Hausangestellten untergebracht. – Auch heute lautet die ironische Frage nach der gesellschaftlichen Herkunft einer Person, die gleichzeitig die Größe des Kinderzimmers und den Erziehungsstil taxiert: Hatte sie nur eine Spielecke oder eine Kinderstube?

Eine weitere Quelle der Familienverklärung um die Jahrhundertwende sind die Bilder des schwedischen Malers Carl Larsson (1853–1919), Bilder des heilen, vorwiegend ländlichen Familienlebens schlechthin. Nicht umsonst erleben seine Bücher um 1970 eine Renaissance und gewinnen Vorbildcharakter sowohl für einen neuen Romantizismus als auch für einen Rückzug aufs Land, vorzugsweise in die Toskana oder nach Gomera.

Die berühmte schwedische Erzählerin Selma Lagerlöf (1858–1940) beschreibt in ihren Kindheitserinnerungen ungewöhnliche Spiel- und Sitzobjekte, nämlich speziell für Kinder angefertigte Möbel: «Was die Kinder damals als ihren höchsten Schatz betrachteten, das waren drei kleine Holzstühlchen. Sie waren ein Geschenk von dem prächtigen alten Schreiner in Askersby. Die Stühlchen waren stark und dauerhaft. Man konnte sie als Tisch und als Schlitten verwenden; die Kinder konnten damit in der ganzen Stube herumreiten, sie konnten hinaufsteigen und wieder herunterspringen, oder sie konnten sie hinlegen und Hof und Stall vorstellen lassen, kurz, es gab überhaupt nichts, wozu diese Stühlchen nicht zu gebrauchen gewesen wären. Aber warum die Kinder einen so ungeheuren Wert auf diese Stühlchen legten, das verstand man erst, wenn man sie umdrehte. Da sah man, daß auf der Unterseite eines jeden Stühlchens eines der Kinder gemalt war...» (1924).

Das bürgerliche Kinderzimmer ist heute eine Selbstverständlichkeit. Nicht selten stehen den Kindern große, oftmals größere Zimmer als ihren Müttern zur Verfügung. Und die Möblierung muß nicht unbedingt prächtig sein. Schon Goethe meinte: «Ausgenommen, daß man von Jugend auf daran gewöhnt ist, sind prächtige Zimmer und elegantes Hausgerät etwas für Leute, die keine Gedanken haben und haben mögen» (Tagebuch, 25.3.1831).

Über den pädagogischen Unsinn von zu prächtig ausstaffierten Kinderzimmern äußert sich Lisa Behlow-Hasenklever, Jahrgang 1952: «Wir haben Freunde mit vier Kindern, die große Konsumenten sind. Da geht die Liebe direkt durchs Portemonnaie. Die Kinderzimmer sind schier unglaublich, da wird mir immer ganz anders. Ich könnte absolut nicht darin spielen. Da gibt es diese elektrischen kleinen Autos für 5000 Mark, und sonst alles vom Schönsten, Teuersten, alles wahnsinnig viel. Die Eltern sind es gewöhnt, daß die Besucher in Ahhhs und Ohhs ausbrechen. Aber eines Tages führten sie unvorsichtigerweise meinen Vetter Fritze hinein. Der guckt sich das an und sagt nur lapidar: ‹Das ist ja die reinste Spielhölle.› Womit er absolut recht hatte.»

Im modernen Kinderzimmer ist alles erlaubt: prächtig (Messingbett und Pelzdecken) bis praktisch (Ikea-Kiefernholzhochbett und Flohmarkterzeugnisse), medienintensiv (Kassettenrecorder, Radiowecker, Fernseher und Computer) bis bastelfreudig (Hobelbank und Staffelei). Zusätzlich steht den Kids die ganze übrige Wohnung offen für ihre Erkundungslust als Zweijährige, ihre Tobelust als Fünfjährige, ihre Unordnungslust als Zehnjährige und ihre Dröhnmusiklust als 15jährige. Es gibt kaum eine Trennung zwischen dem Erwachsenenbereich und dem Kinderreich. Und doch kommt, was das eigene Zimmer, das eigene Reich angeht, nicht die rechte Freude auf. Bei einer bundesrepublikanischen Repräsentativbefragung aus dem Jahre 1987 (Hamburger Abendblatt 25.3.1987) ergab sich, daß jedes dritte Kind unzufrieden mit seinem Zimmer ist. Die Begründung ist schlicht: «Die Eltern haben Möbel und Tapeten ausgesucht, wir durften uns nur noch freuen.» Dazu kommt die Aufräumwut der Eltern, die häufig die selbstarrangierten Kinder-Sammlungen zerstört, die Steinchen und Federn, Schnipsel und Zeichnungen werden nicht genügend gewürdigt – Sammlungen, die aus einem sterilen Kinderzimmer Heimat machen. Denn diese «wertlosen» Beutestücke sind allemal materialisierte Träume, Fetische der kindlichen Sehnsucht.

Möbel sind gewissermaßen die Immobilien, Spielsachen die Mobilien im Kinderzimmer, und die kaufen die Kinder sich vielfach selbst. Es werden im Durchschnitt bis zu 100 Mark in der Woche in Spielzeugläden ausgegeben. Obwohl die Anzahl der Kinder sich in den 80er Jahren um 30 Prozent verringert hat, mußte die Spielzeugindustrie keineswegs um ihre Einnahmen fürchten. Hat sich doch die Kaufkraft der Kinder im gleichen Zeitraum ständig verbessert, wie auch die Ausgaben der Erwachsenen für die Kinder sich erhöht haben. Deswegen ist es keine Seltenheit, wenn, wie ich in Bixis Kinderzimmer eigenhändig nachgezählt habe, sich dort eine Kollektion von rund 110 Steiff- und Stofftieren tummelt. 20 davon sind als Bettgenossen auserkoren, der Rest fristet sein Dasein auf einem Regal. «Kann man 110 Tiere lieben?» – «Aber nein, sie hat natürlich ihre Lieblingstiere», so die Beteuerung von Nadine Karl, der 25jährigen Mutter. Diese Qual der Wahl unter ihren Lieblingstieren wird von dem Liebling in Kauf genommen. Auszuwählen bedeutet immer auch eine Negativselektion: aus-wählen, raus-wählen, weg-wählen, ab-wählen.

Jacqueline Mauritius hat mit ihren elf Jahren eine ähnlich umfangreiche Kollektion und handhabt dieses Problem nach der Beschreibung ihrer Mutter folgendermaßen: «Die 100 Tiere haben bei ihr wirklich alle einen Namen. Die kennt sie genauestens. Und sie nimmt sie immer reihum mit ins Bett, damit keines sich benachteiligt fühlt.» 100 Tiere als neue pädagogische Möglichkeit, Gerechtigkeit zu lernen? Doch was steht auf dem geheimen Lehrplan, dem psychischen?

Man bedenke, daß im Puppen- oder Tierspiel während des magischen Alters (Fraiberg) – und auch später – das Erwachsenenverhalten imitiert wird: Vater-Mutter-Kind, das klassische Übungsfeld. Theodor Adorno beschreibt in seinen «Minima Moralia», den «Reflexionen aus dem beschädigten Leben», das Spiel der Kinder als ihre Gegenwehr gegen die Verdinglichung. Spiele seien «bewußtlose Übungen zum richtigen Leben». Wohin führt also der Umgang mit 100 Stofftieren, was wird hier eingeübt für das richtige Leben?

Die Eltern haben keinesfalls 100 Kinder. In 49 Prozent der Familien ist sowieso nur noch ein einziges zu finden. – Kompensieren sie also das Fehlen der Geschwister? Gilt diesen vielen Tier-Kindern die ziellos gewordene, überschüssige Kinderliebe, die nur der gleichen Spezies gelten kann, die Gleichaltrige, Puppen und Tiere als Adressaten sucht? Wenn Geschwister fehlen, muß die Liebe gleich dutzendfach auf Objekte verteilt werden? Vermeintlich gerecht. Seltsam, wie dies übereinstimmt mit der eigenen Beobachtung, daß in Mehrkinderfamilien sehr viel weniger Ersatzlieben den Platz im Bett kuschelig, häuslich, heimelig machen (müssen). Vielleicht sind sie auch notwendig, um die in den großen, allein bewohnten Zimmern schlafenden Kinder, die nachts nicht die beruhigenden Atemzüge eines Geschwisters hören und spüren können, vor den Nachtmahren zu schützen.

Bei diesen häufig anzutreffenden Tierherden drängt sich der Eindruck auf, als sei nicht das einzelne gemeint, nicht das zerraufte, zerquetschte, zerliebte alte Puppentier, sondern daß die Menge bevorzugt werde und damit die lockere anstelle der engen Bindung. Eine weitere Interpretation wäre denkbar: Wenn das Kind seine Liebe auf derart viele Objekte verteilt, ist das eine genaue Umkehrung des Verhaltens seiner Eltern, die in ihrer Liebe enorm auf das Einzelkind fixiert sind. Und wenn sich außerdem die Großeltern, Tanten und Onkel, Freunde und Bekannte emotional auf dieses eine Kind stürzen, auf den einen kleinen Menschen? Das geschieht heute regelmäßig bei dem unnatürlichen Status des Alleinseins eines Kindes in der Erwachsenenwelt. Und so viel Liebe bedeutet für ein Kind auch eine Last. Vielleicht muß deswegen dieses Übermaß an Zuwendung abgeleitet werden auf die Heerscharen der Puppen-Tiere, um sie zu verteilen, zu entschärfen, zu kanalisieren?

Was lernt ein Kind noch, wenn es seine Liebe durch 100 teilt? Auf alle Fälle die Freiheit, wählen zu können. Aber gleichzeitig auch die Zufälligkeit der Liebe, die jeden Abend anderswo hinfällt oder besser gesagt: hintröpfelt. Heute der Bär, morgen das Eichhörnchen. Heute ich, morgen du. Und das Kind lernt, indem es dies selbst praktiziert, daß auf Zuwendung kein Verlaß ist. Selbst der Urteddy aus Mohair, waschmaschinenfest, dieses allererste Kuscheltier, kann nicht auf Dauerliebe hoffen. Wir wollen den Vergleich nicht überdehnen bis zu den späteren, den lebendigen Bettgenossen. Es müssen schon erhebliche neurotische Störungen hinzukommen, damit ein Teenager sich seine Partner so wählt wie das Kind beim abendlichen Showlaufen seine Tiere.

Oder steckt die Angst vor dem Verlust dahinter, die gebannt wird durch die Vielzahl von Liebesobjekten? Unsere stärkste Triebfeder im Beziehungsgeflecht, die älteste aller Ängste, ist die vor dem Verlust eines Liebespartners. Wäre es für Amadeus Belmonte zum Beispiel wichtig gewesen, zwei Schnuckeltücher zu haben, wie viele Eltern sie bereithalten? Als Risikoversicherung, für alle Fälle? Um den Schmerz bei zeitweiligem Verlust zu vermeiden? Amadeus hatte keinen Ersatz, und so saß er mit seinen drei Jahren eine Stunde vor der Waschmaschine, sechzig lange Minuten, weil seine Mutter dieses heißgeliebte Schnuckeltuch wenigstens einmal im Jahr waschen wollte. Er harrte aus, er guckte zu, er paßte auf das Objekt seiner Begierde auf, damit es nicht verlorenging. Antoine de Saint-Exupéry läßt seinen Kleinen Prinzen eine ähnliche Situation beschreiben: «Die Menschen bei dir zu Hause züchten fünftausend Rosen in ein und demselben Garten... und sie finden dort nicht, was sie suchen... Und dabei kann man das, was sie suchen, in einer einzigen Rose finden... Aber die Augen sind blind. Man muß mit dem Herzen suchen.»

In den fünfziger Jahren gab es ein Bilderbuch von Louise Fatio und Roger Duvoisin, den Autoren des preisgekrönten Klassikers «Der glückliche Löwe». In dem Buch «Eine Puppe für Marie» geht es um ein unglückliches Wesen, eine kostbare, immer seufzende Puppe, die in einem Antiquitätengeschäft sehnsüchtig auf Artgenossen, auf eine Puppenmutter wartet. Nach einigen Schicksalswirren kommt die Puppe, zwar zerrissen und zerrauft, aber selig bei Marie an, bei der Briefträgertochter, die ihrerseits die Puppe schon immer aus der Ferne geliebt hatte. Und die Moral von der Geschichte? In den 90er Jahren wird es kein Bilderbuch geben, das die Einsamkeit einer Puppe thematisiert, weil Puppen nur noch massenhaft auftreten. Dafür gibt es eine wachsende Anzahl von Kinder- und Jugendbüchern, die von der Einsamkeit der Kinder erzählen.

Die wahre Geschichte von Peggy Parnass, Jahrgang 1933, der Hamburger Schriftstellerin, gehört ebenfalls in eine andere Zeit und zeugt von einem grenzenlosen Schmerz, der verknüpft ist mit einem kindlichen Spielzeug. – Ihre Eltern werden von der Gestapo verhaftet, doch es gelingt ihnen im allerletzten Augenblick, Peggy und ihren kleinen Bruder einem Fremden anzuvertrauen, der sie auf den Weg nach Schweden bringt. Die Eltern überleben Auschwitz nicht. In Schweden kommt Peggy Parnass in eine Familie, ihr über alles geliebter kleiner Bruder in ein Waisenhaus. «Und ich durfte ihn nur jeden zweiten Sonntag zwei Stunden besuchen – und liebte ihn bis zum Wahnsinn. Ich bekam 20 Öre die Woche Taschengeld, das waren vielleicht 20 Pfennig... und habe lange gespart, um ihm zu seinem Geburtstag eine rote Feuerwehr zu kaufen, so etwas Schönes hatte er in seinem Leben noch nicht gesehen, mit einer ganz langen Leiter und groß und irrsinnig rot. Die hab ich ihm gebracht, er konnte es nicht fassen, ich konnte es natürlich auch nicht fassen, daß ichs endlich zusammengespart hatte. Wir waren fast ohnmächtig vor Wonne. Und da kam diese Drecksau [die schwedische Kinderschwester] und hat die Feuerwehr genommen und hat gesagt: ‹Die ist zu schön für dich.› Dann hat sie die oben auf einen Kleiderschrank gestellt, er hat sie zwei Jahre lang jeden Tag sehen können, und nie durfte er ran. Eines Tages kam er aus der Schule... da hatte sie die Feuerwehr runtergenommen und den Kindergarten-Kindern zum Spielen gegeben. Und die hatten sie kaputtgemacht...» (1974, S. 103).

Ein übervolles Tier- und Puppenregal, ein überquellendes Kinderzimmer und ein rappelvoller Kleiderschrank schmeicheln den Augen, entsprechen dem Bedürfnis zu sammeln, anzuhäufen, zu renommieren. Die Renommierlust ist eine Lust, natürlich. Aber keine der ersten Kategorie, kein «primärer Antrieb» wie Hunger, Durst, Sexualität und Neugier. In der dynamischen Psychologie werden diese primären Antriebe unterschieden von den sekundären, die als angelernt, fremdbestimmt gelten. Auf jeden Fall hat jeder die Möglichkeit, sich bewußt zu seinen Wünschen zu verhalten. Deswegen ist es ein pädagogisches Ziel, daß das Kind zu unterscheiden lernt zwischen den eigenen und den fremden, den eingeflüsterten, aufgeschwatzten Bedürfnissen. Am schwierigsten sind die herauszufinden, die durch eine raffiniert inszenierte Werbung direkt ins Unbewußte gelangen und sich dort einnisten. Weswegen die Wünsche ins Bewußtsein geholt werden müssen; denn nur die rational erfaßten können von unserem Verstand auf die Dringlichkeit und Notwendigkeit ihrer Erfüllung überprüft werden.

Die Befriedigung der sekundären Bedürfnisse kann nicht in gleichem Maß beglücken wie die der primären. Das zeigt sich klar bei den sogenannten «Kaufsüchtigen», die über den Umweg der sekundären Befriedigung vergeblich versuchen, glücklich zu werden. Bei ihnen wird deutlich, wie lebensbeschränkend es sein kann, wenn sich Gedanken, Gefühle und Handlungen von dem Thema Konsum gefangenhalten lassen.

Wie wenig rational wir unsere eigenen Handlungen reflektieren, beweisen die häufigen Versicherungen von Müttern: «Aber nein, meine Kinder bekommen nie Süßigkeiten.» Seltsamerweise trifft man auch diese Kinder keineswegs immer ohne Süßigkeiten an... Oder: «Wissen Sie, wir selbst schenken unserer kleinen Tochter ganz wenig, doch die Großeltern kann man ja nicht bremsen. Immer die vielen Mitbringsel. Einfach schrecklich!» So lautet oft die selbstbeschwichtigende Erklärung, wie die Fülle im Kinderzimmer zustande gekommen sei. Eine schlichte Nachfrage bringt anderes zutage. «Aber erzählten Sie nicht etwas vom Weihnachtsmarkt, wo Sie gestern waren?» – «Ja doch, da habe ich eine kleine niedliche Stoffmaus gefunden. Die mußte ich für Bixi einfach kaufen. Zu süß, am liebsten hätte ich sie selbst behalten.» Sprach Nadine Karl und entdeckte partout keinen Widerspruch zum vorher Gesagten. Und so kam Stofftier Nummer 111 ins Haus.

Ein Streifzug durch Kinder-Zimmer, deren Stil und Atmosphäre von den hier untergebrachten Sammlungen sehr stark geprägt werden

Stefan Müller ist neun Jahre alt, ein Einzelkind; er ist ein kleiner, schmächtiger Junge mit einem ernsten Gesicht. Von seinen vier Mark wöchentlichem Taschengeld kauft er sich Süßigkeiten, Autos und Comics. Er besitzt aber sehr viel mehr Comics für 2,50 Mark das Stück, als er je in seinem Leben bislang Taschengeld bekommen hat. Ob er sie aufhebt? Aber ja, natürlich, denn die werden doch später immer mehr wert. Genauso wie die alten Pfennigstücke, seine zweite Sammelleidenschaft. In einigen Jahren seien sie wertvoll, da gebe es solche Tauschbörsen, wo er bestimmt hingehen werde. Selbst das Sammeln darf nicht nur Spaß machen, einem Tick, einem Spleen frönen, nein, es wird als Mehrwertbildung betrieben. Kapitalsteigernd. Dazu paßt auch, daß in der Stein- und Muschelsammlung von Stefan die größten Exemplare gekauft sind. Welche Kränkung, daß nicht die selbstgefundenen den Ehrenplatz einnehmen. Freude über die Exotenmuscheln war beim Besitzer offensichtlich auch nur kurzfristig vorhanden, denn hingewiesen hat er lediglich auf die eigenen Funde. Zu seinem Hintergrund, von dem er stolz berichtet, gehört, daß sein Vater zwei Autos besitzt. Nur so, aus Spaß, um mal abzuwechseln.

Die Sammlung eines elfjährigen Mädchens, sichtbar in einem Glasschrank präsentiert, besteht aus drei riesigen Schminkpaletten, die einer Gesichtsstylistin alle Ehre machen würden. Mit jeweils Dutzenden von Nuancen in allen Regenbogenfarben. Das Ironische daran ist, daß die Eltern von Melanie Oth als ehemalige 68er den Äußerlichkeiten wie Kleidung, Outfit, Schminke eher abhold sind. Sie machen noch nicht einmal eine Ideologie daraus, so daß die einzige Tochter unter den Brüdern keineswegs eine extreme Gegenposition aufbauen müßte. Was hat sie nun davon, wenn zu den drei Riesenpaletten noch etliche kleinere hinzukommen, die Freundinnen der Familie abgelegt und ihr geschenkt haben? Für den Fasching sind sie gut zu gebrauchen. Einmal im Jahr, schätzungsweise bei drei Gelegenheiten, wenn sie sich mit anderen Kindern verkleidet. Aber warum werden dann immer mehr von diesen exorbitanten Paletten gekauft, deren Pigmente nicht in zehn Jahren aufzubrauchen sind? Warum langt nicht ein einziger, abgelegter Kasten? Nach einer Begründung gefragt, kommt von Melanie der bezeichnende Satz: «Wenn ich mir einen wünsche, dann kriege ich ihn auch.» So einfach ist das. Und was denken sich die Erwachsenen dabei? Wahrscheinlich sind sie nur froh, eine Abnehmerin zu haben, um sich endlich, endlich wieder selbst etwas Neues zulegen zu können. Kinder als Müllverwerter und Gewissensberuhiger, als Alibi für die eigenen Kaufbedürfnisse.

Außerdem sammelt Melanie kleine Blumenvasen und Seifen in allen Mickymaus-, Herz- und Phantasieformen, pastellfarben, billig duftend, meist von den Freundinnen in riesigen Zellophanhüllen und mit neongrellen Schleifen geschenkt. Doch Melanie, umweltbewußt, wäscht sich heute nur mit Kernseife. Wegen der Abwässerverschmutzung.

Und was meinen die Erwachsenen, wenn sie kleinen Mädchen zu dieser Einübung in die Pseudoschönheit der Reklameweiblichkeit verhelfen? Die Botschaft aus jeder Auto-, Spirituosen-, Schuhreklame heißt doch weiterhin, auch nach 20 Jahren feministischem Protest: Ohne Schminke bist du nicht begehrenswert, nicht attraktiv, kannst also nicht glücklich, erfolgreich, letztlich auch nicht liebenswert sein. Unsere Sinne, und auch unsere Sinnlichkeit, sind vergewaltigt durch ein Übermaß an Reklameschönheiten und -ebenmäßigkeiten, so daß sich keine Frau mehr auf die Straße traut ohne Make-up, nicht ohne sich «zurechtzumachen», um der Frauenschönheit, die von jeder Werbefläche ständig auf uns eindringt, etwas entgegenzusetzen. – Die Folge ist, daß man sich kaum noch auf die eigenen Sinne verläßt, sondern ständig den fremden Maßstab, den Schönheitskanon, im Kopf hat.

In einer Auto-Anzeige aus *Bravo-Girl* (24.10.1990) heißt es: «Der erste Panda, der zu meinem Lippenstift paßt.» Das rasante Girl sieht aus, als würde es gerne «im Rampenlicht stehen», wie einige Seiten weiter, im sogenannten redaktionellen Teil, die Charakteranalyse des Mädchens uns aufklärt. Denn dieser Artikel: «Was deine Lippenstiftfarbe über dich verrät» ist ebenso kurz wie dumm.

Kein Wunder, daß immer mehr Mädchen (unbewußt) die

weibliche Rolle in Frage stellen und ihren vollgestopften, zuckersüßen, braven, rot und sexy geschminkten Mund schließen und verstummen. Und magersüchtig werden. Oder depressiv.

Die Psychologen Betty Merten und Peter Lewinsohn haben durch zahlreiche Studien herausgefunden (1990), daß die Ursache für Depressionen bereits in jungen Jahren angelegt sein kann. Es stellte sich heraus, daß Mädchen schon im Alter von zwölf Jahren gefährdeter als Jungen sind (bei Frauen ist der Anteil an Depressionen dreimal so hoch wie bei Männern). Eine der Ursachen liegt in der größeren Konzentration der Mädchen auf ihr Äußeres. Demnach machen sich schon Zehnjährige Sorgen um die eigene Attraktivität. Und diejenigen, die während der Pubertät Depressionen bekommen (doppelt so viele Mädchen wie Jungen), sind überzeugt davon, körperlich «mißraten» zu sein (zu kurze Beine, zu große Nase, zu dick oder zu dünn…), obwohl diese Urteile mit der Realität nicht das geringste zu tun haben. Die Schlußfolgerung: Eitelkeit und die damit einhergehende pausenlose Beschäftigung mit dem eigenen Körper macht innerlich leer und vermittelt ein Gefühl von Hohlheit. Die sich – logischerweise – einstellende Unzufriedenheit mit der eigenen Person ist das auslösende Moment für Depressionen.

5 Geschenke: Über die Furcht, sich nicht mehr freuen zu können

Eine Angst geht um. Es ist die Angst von Kindern und Jugendlichen, sich über Geschenke nicht mehr freuen zu können. Beschwörend, melancholisch sprechen sie darüber, wie schrecklich dieser Zustand wäre. Wie kommen sie auf diese Idee?

Da die befragten Kinder diesen Zustand der Nicht-Freude nur für andere, für reichere Kinder prognostizieren, sprechen sie auch tatsächlich nicht von sich selbst. Wenn das stimmt, wäre es beruhigend, weil es zeigte, daß diese Kinder noch einen gesunden Instinkt haben. Beunruhigend wäre dagegen die Vermutung: Die Kinder befinden sich bereits in diesem Zustand. Sie sind desillusioniert, durchschauen den Konsumrummel und die Strategie «Liebe geht durchs Portemonnaie». Wahrscheinlich ist: Die Kinder müssen das Gefühl der Nicht-Freude zumindest ansatzweise bereits kennen, um Angst davor zu haben, daß es ein Dauerzustand werden könnte. Und nun hoffen die Kinder inständig, daß ihre nicht zu bremsenden Hochleistungseltern es nicht so weit kommen lassen. Den schlaraffischen Zustand permanenter Übersättigung fürchten sie, fühlen sich dem Trend dahin ausgeliefert, ohne selbst etwas ändern zu können. Sie schwelgen zwar im Moment noch im Überfluß, sie möchten auch beim kommenden Weihnachtsfest keineswegs leer ausgehen. Und doch ist bei vielen eine realistische Einschätzung ihrer eigenen, begrenzten Freude-Kapazität vorhanden. Sie wissen tief im Herzen, daß das Zuviel bereits begonnen hat.

Ein Beispiel dieses Konfliktes aus der Zeit um 1920, aufgezeichnet in dem Roman «Kartoffeln mit Stippe» von Ilse Gräfin von Bredow, ihren Kindheitserinnerungen aus der Mark Brandenburg. Es geht um die reiche Schwester der Mutter, Tante Lilli, die wie die personifizierte Glücksgöttin mehrfach im Jahr in das Leben der karg erzogenen Landkinder einbricht. Da gibt es mit einem Mal Weintrauben und Melonen, da werden Picknicks und Feste veranstaltet, Fahrräder «außer der Reihe» geschenkt und geheimnisvolle Dinge von weiten Reisen mitgebracht. Einmal sind im Schilf nagelneue Schlittschuhe zu finden. Die Mutter ist empört. «Lilli, das ist doch wohl die Höhe! Kurz vor Weihnachten solche üppigen Geschenke, wie sollen wir dann den Kindern noch eine Freude machen?... Du verstehst nichts.» Tante Lilli fing an zu weinen. «Ich hab's getan, weil ich so unglücklich bin.» (1979, S. 161 ff.).

Nils Oth, 15 Jahre alt, hat folgende Ansicht vom Übersättigtsein: «Wenn man Kindern alles schenkt, was sie wollen, wollen sie immer mehr. Später... man weiß ja sowieso nicht, ob es eine Zukunft gibt. Das deprimiert mich ziemlich. Ich glaube nicht, daß meine Kinder glücklicher werden, als ich es bin. Eher unglücklicher.»

Seine Schwester Melanie Oth, elf Jahre alt, beschreibt ihre ambivalenten Gefühle: «Ich würde später meinen Kindern nicht alles schenken. Denn dann freuen sie sich nicht mehr. Zu Weihnachten, da kriegen wir ja so viel, so viel Krams und immer mehr. So einen riesigen Haufen und alles auf einmal. Wenn ich da was kriege, freue ich mich schon nicht mehr richtig. Nur ein bißchen noch. Ein halbes Jahr später wäre die Freude viel doller. – Weihnachten müssen wir dann ewig warten. Den ganzen Tag warten, und in die Kirche gehen und warten, und alle musizieren und warten. Das ist dann mit viel Streit verbunden, weil wir Kinder keine Lust haben, auch Weihnachten Musik zu machen. Dann darf man sich die Geschenke auch nicht selbst nehmen. Ein Geschwister verteilt sie immer. Zwischendurch gibt es mal eine Pause zum Essen, und dann geht es weiter. Manchmal denke ich, daß ich zuviel kriege.» Melanie hat wirklich eine Konsequenz gezogen. Weihnachten 1990 ließ sie sich von ihren Eltern sagen, für wieviel Geld sie die wievielten kleinen goldenen Ohrringe oder die vierte Schminkpalette bekommen hätte, um dieses Geld für Lebensmittelpakete nach Leningrad zu spenden.

Andreas Oth, der Vater von Nils und Melanie: «Wir selbst hatten als Kinder nie das Problem, daß man Geschenke bremsen mußte. Meine Großeltern waren durchaus aufgefordert, gute Geschenke zu machen. Nach heutigen Maßstäben waren sie eigentlich reichlich aufwendig: eine riesige Eisenbahn oder ein Fahrrad oder Schlittschuhe. Und wenn Großmutter zu Besuch kam, hinterließ sie auch zehn Mark als Visitenkarte für uns Kinder. Das wurde geschätzt, aber sie wurde deswegen nicht mehr und nicht weniger geliebt. In der Schule heute merke ich als Lehrer natürlich die zunehmende Konzentrationsschwäche, die Unruhe der Kinder, die durch das Konsumtrommelfeuer entsteht. Schon die Jüngsten erleben doch bei Geschenken, wie schnell sie überholt sind. Weil die nächste Generation von CD-Playern, von Autos, von Computern gleich wieder neu auf dem Markt ist. Dieser Drang nach Neuem, daß das Neue an sich einen absoluten Wert darstellt, das trifft doch auf unsere gesamte Kultur zu. Auch in der Kunst ist es zu einem regelrechten Zwang geworden und führt zu einer gewaltigen Oberflächlichkeit. Früher waren die Leute zufrieden, wenn sie bestimmte Standards der vorherigen Generation erreicht hatten. Natürlich ist es nostalgisch, aber wenn ich an meine 40 Schallplatten denke, die ich zu Abiturszeiten besaß: da kannte ich jedes

Thema, jedes Seitenthema, jeden Satz, auch jeden Knacks in der Rille. Das war eine Intensität, die heutige Jugendliche auch beim Hören ihrer eigenen Musik nicht mehr haben. Das merkt man im Musikunterricht, daß sie noch nicht einmal über ihre eigene Jugendkultur richtig Bescheid wissen. Später, im Studium, wir waren ja die 68er, da liebten wir es, sparsam zu sein, wenig zu konsumieren. Aus Prinzip. Das war ein richtiger Sport, nur die billigsten Lokale zu kennen, billig zu reisen. Beim Essen, da dachten wir nicht an Qualität, das war kein Thema. Hauptsache billig und viel. Egal, wie wohlhabend die eigenen Eltern waren. Denn von denen wollten wir uns absetzen, uns ging es um humane Werte und nicht nur um Wohlstand.»

Daniela David, 15 Jahre alt, ihre Mutter arbeitet als Sekretärin, der Vater ist häufig arbeitslos, weswegen die Familie ihr Haus aufgeben mußte. Daniela bekommt überhaupt kein Taschengeld, ist aber trotzdem mit Stereoanlage, Kassettenrecorder usw. erstaunlich gut ausstaffiert: «Mein schönstes Geschenk war eine riesige Baby-Puppe, als ich zehn Jahre alt war. Und im vergangenen Jahr eine Karte für das Musical ‹Cats›. Da bin ich fast vor Freude in Ohnmacht gefallen. Aber sonst können sich Kinder doch fast gar nicht mehr freuen. Man ist einfach zu verwöhnt. Ich eigentlich auch. Und bescheiden ist auch niemand mehr. Höchstens wenn man verliebt ist, freuen mich kleine Sachen, wie ein Schokoladenherz oder eine Blume.»

Marie-Anne Bellmann, 17, ihr Vater ist ein glänzend verdienender Immobilienmakler: «Ich lebe zwar nicht spartanisch, aber werfe auch kein Geld zum Fenster hinaus. Bescheidenheit finde ich nicht so gut, aber das Gegenteil ist genauso blöd. Ich kenne ein Mädchen, das hat zum letzten Geburtstag eine Stereoanlage, eine Golfausrüstung, Klamotten, einen 1000-Mark-Gutschein und den freien Zugang zum Konto der Mutter bekommen. Unmöglich finde ich das, denn die kann sich doch überhaupt nicht mehr freuen. Da wird in der Schule dann auch viel darüber gelästert. So nach dem Motto: Die verziehen ihre Kinder und haben es offensichtlich nötig, ihren Reichtum heraushängen zu lassen.»

Konrad, ihr 15jähriger Bruder, sagt nachdenklich: «Eigentlich ist doch bei uns alles perfekt. Das Haus, die Kinderzimmer, Weihnachten. Deswegen denke ich oft, daß es später nur noch schlechter werden kann.»

Leon Barthes, 14 Jahre, seine Eltern sind beide Künstler. «Neidisch bin ich manchmal. Aber nur ganz kurz. Mittlerweile sehe ich das als traurig an für den, der alles hinten und vorne reingestopft bekommt. Da ist keine Spannung mehr, wenn man sich was wünscht und alles sofort bekommt. Für mich bedeutet es eine Spannung, wenn ich es schaffe, auf etwas Bestimmtes zu sparen oder wenn ich es erst zu Weihnachten bekomme. Meine Eltern sagen auch nein, wenn etwas zu teuer ist. Aber so ganz teure Sachen wünsche ich mir erst gar nicht. Nur: ein Saxophon, da kostet ein gebrauchtes schon 1000 Mark. Aber das ist eine Sache, die man nur einmal anzuschaffen braucht. Das ist eine Investition. Und lohnt sich. – Eigentlich kann ich wohl ziemlich realistisch einschätzen, was für die Eltern möglich ist. Ruth, meine zehnjährige Schwester, ist da anders. Ihr ist es egal, was sich meine Eltern leisten können. Sie jammert immer nach einem Pony und will es einfach haben.»

Caroline Barthes, Leons Mutter: «Einmal hatten wir einen sehr schweren Kampf. Leon wünschte sich ein Mountainbike, obwohl er ein anderes Fahrrad besaß. Es war tatsächlich hart für ihn, keines zu bekommen. Denn als der eine Freund eins hatte, bekam sofort, am nächsten Tag, der andere auch eines, obwohl weder Geburtstag noch Weihnachten war. Und es war hart für mich, diese Auseinandersetzung durchzustehen. Immer wieder zu argumentieren, seine Wut und seine Traurigkeit auszuhalten. Wenn wir das Geld gehabt hätten, wäre es natürlich hundertmal leichter gewesen, dem nachzugeben, aber bestimmt nicht sinnvoller.»

Sabina Morowits, Jahrgang 1955, Dolmetscherin und Mutter von drei Kindern, ihr Mann ist Steuerberater: «Meine Eltern haben uns knapp gehalten. Mit allem, sowohl mit Taschengeld als auch mit Geschenken. Es muß nicht sein, hieß es dann immer. Ohne Begründung. Was ich nicht gut finde. Ich erkläre meinen Kindern: Wir wollen, daß sie sich noch lange über Geschenke freuen können. John versteht das, er ist ausgesprochen genügsam, weil er sehr introvertiert ist. Helena dagegen ist viel mehr nach außen gewandt, viel kommunikationsfreudiger, deswegen stellt sie auch häufiger Vergleiche an. John, unser Achtjähriger, hat von uns nur sorgfältig ausgewählte Geschenke bekommen, eigentlich nur Duplo-Steine und Bilderbücher, und die Steine liebt er noch heute. Aber Helena, das zweite Kind, kam auf die Welt und fiel in eine Duplokiste. Der Erfolg war frappierend: Sie hat nie richtig damit gespielt. Klug geworden, habe ich unserem Dreijährigen von Anfang an ganz konsequent nie den riesigen Duplovorrat hingestellt, sondern wirklich mit zehn Stück für ihn begonnen. Und steigere das allmählich. Auch sonst hat er nicht viel zum Spielen in seinem Zimmer, nur einen Ball und so weiter. Der Erfolg ist fabelhaft: Andere Eltern staunen Bauklötze, weil er bereits mit zwei Jahren in der Lage war, konzentriert zwei bis drei Stunden allein zu spielen – bei offener Tür, ich bin immer in Rufweite. – Ich halte es auch bei den anderen so, daß ich immer mal einige Spielsachen aus dem Verkehr ziehe, um sie nach Monaten wieder hinzustellen. Oder ich rücke mit Weihnachtsgeschenken von Verwandten erst später raus. Dann ist die Spielbegeisterung einfach doppelt so groß.»

Veronika Durbridge, eine Grundschullehrerin: «Früher war das doch so, daß wir nach den Weihnachtsferien einen Aufsatz schreiben mußten zu dem Thema: Was hat mir das

Christkind gebracht? Später hieß es: Was habe ich geschenkt bekommen? Heute geht es in der Schule bereits lange vor Weihnachten darum, was die Kinder bekommen werden. Sie wissen das im voraus, denn sie haben die Geschenke ja quasi bestellt. Die meisten Kinder, besonders die Jungen, finden Silvester sowieso viel schöner: wegen der Raketen, wegen des Trubels.»

Anton Erges, ein junger Pastor: «Was mir allmählich in meinem Beruf überhaupt keinen Spaß mehr macht, ist der Konfirmationsunterricht. Viele Kinder, vielleicht die Mehrzahl, lassen sich nur konfirmieren wegen des Geldes, das ist ja schon sprichwörtlich. Sie rechnen genauestens vorher aus, was es ‹bringt›, was sie ‹kassieren›, womit sie ‹rechnen› können: Selbst bei einfachen Familien kommen glatt 2000 bis 5000 Mark zusammen. Und die Gewitzten rechnen ihren Stundenlohn für die jeweilige Unterrichtsstunde aus. Mein Stundenlohn ist nicht so hoch! Aber das kommt von den Eltern, denn die haben im Grunde ebenso wenig Interesse an der Kirche wie ihre Kinder. Man will nur mal wieder stimmungsvoll feiern.»

Die Schmieders sind beide Rechtsanwälte und haben eine 22jährige Tochter, die erst in England, danach ein Semester in Amerika studieren durfte. Zu Weihnachten 1990 bekam sie einen Skiurlaub geschenkt. Die Freude war groß, doch sogleich begann die Diskussion, wie die Gruppe der Freundinnen denn nun die französischen Alpen erreichen sollte. Natürlich wollten sie fliegen, doch der Studententarif hatte zur Weihnachtszeit keine Gültigkeit. Die anderen fünf Mädchen sagten: Dann nehmen wir halt einen Linienflug für 1500 Mark. Doch Elisabeths Eltern blieben konsequent und machten keineswegs einen zusätzlichen Tausender locker. Der Erfolg: Die Stimmung war trübe für zwei Tage, aber schließlich fuhren sie alle gemeinsam mit der Bahn. Ein Abenteuer für die Luxuskinder, denn um fünf Uhr morgens auf dem Hauptbahnhof zu starten: das hatte bisher keine von ihnen erlebt.

Stella Schuhmann, eine PR-Beraterin, und Peter Schuhmann, ein Lehrer: Sie leben in einer 240 Quadratmeter großen Altbauwohnung mit dem Rest ihrer Wohngemeinschaftszeit – einem Freund plus Kind – und zwei eigenen Kindern. «Wir haben reichlich Geld, aber setzen trotzdem Grenzen. Nur zum Weihnachtsthema, da fällt uns wirklich nichts mehr ein. Clarissa, unsere sechsjährige Tochter, hat eine Liste mit 30 Wünschen aufgeschrieben. Fast alle völlig schwachsinnig. Wie zum Beispiel eine neue Puppenküche, obwohl sie bereits zwei hat. – Unser Fehler war früher, daß wir immer die Sachen ein paar Jahre zu früh geschenkt haben. Zum Beispiel die große Legoburg für Manuel, als er fünf war, obwohl es drei Jahre später richtiger gewesen wäre. Das hat ihn gefrustet, weil er nicht richtig damit spielen konnte. Wir haben zu wenig nachgedacht, sind zu viel auf seine Wünsche eingegangen. – Weihnachten feiern wir immer als riesiges Fest in der Großfamilie mit 15 Erwachsenen und sechs Kindern. Das ist wirklich schön, aber auch der totale Konsumrausch.»

Peter Schuhmann fährt fort: «Es ist eine Realsatire. Einer überbietet den anderen. Manchmal sprechen sich die Mütter ab. Dann verabreden sie, daß jedes Kind nur je ein Päckchen von den Eltern und den Tanten bekommt. Also haben alle Kinder gleichermaßen fünf Pakete. Aber jede Mutter versucht dann, in das eine Päckchen 15 Geschenke reinzuschmuggeln. Es ist ein Witz. Nach zwei Stunden Auspackschlacht ist die Tenne übersät mit Geschenkpapier und Dingen, von denen keiner weiß, wem sie gehören. Alle Kinder sind völlig orientierungslos und nerven zwei Tage total überreizt herum, bis sie wieder so ruhig geworden sind, daß sie auch wirklich spielen.»

Jane Dennull, eine Möbeldesignerin: «Wir machen so ein

bissel Weihnachten, obwohl wir nicht gläubig sind, wegen Moritz (vier Jahre). Das Kind bekommt haufenweise Geschenke von den Verwandten und steht davor und weiß gar nicht, was es damit anfangen soll. Es ist ihm zuviel, man merkt es genau. Also sage ich, schenkt doch lieber während des Jahres, wenn ihr Lust habt. Aber irgendwie klappt das nicht.»

Anna Alphedam, eine Erziehungswissenschaftlerin, Jahrgang 1953: «Ende der siebziger Jahre lebte ich in einer politisch engagierten Wohngemeinschaft mit zwei kleinen Kindern. Damals begann mein Staunen über die Geschenkpraxis, auch von angeblich konsumabholden Linken. Dem Dreijährigen wurde ein kompletter Indianeranzug geschenkt, obwohl er noch nie etwas von Indianern gehört hatte. Ich fand es im höchsten Maß absurd, ein Kind mit solch einem Outfit auszustaffieren, obwohl es nichts zu diesem Thema wußte. Der Symbolgehalt des Geschenkes war gleich Null, vielleicht sogar im Minusbereich. So ist es mit allen Geschenken, die zu früh kommen. Die Kinder verlernen zu träumen, Utopien aufzubauen, Sehnsüchte zu entwickeln. Wenn zum Beispiel eine Eisenbahnbrücke geschenkt wird, ohne daß überhaupt der Wunsch dazu besteht, wird das Kind wesentlicher Dinge beraubt. Nämlich seiner Fähigkeit, zu imaginieren, mit Luft zu spielen, zu phantasieren, zu improvisieren. Die Erwachsenen berauben es der Möglichkeit, zum Beispiel eine Brücke aus einem Schuhkarton zu basteln. All diese doch zweifellos wünschenswerten Fähigkeiten werden nicht ausgebildet. Geht man davon aus, daß jedes Kind ungemein kreativ auf die Welt kommt, wundert man sich, wie schnell die Eltern diese ursprüngliche Kreativität kaputtkriegen. Systematisch zum Beispiel mit Dingen, die zu früh, zu viel, zu banal sind. Was wird aus den Kindern, die keine realen Sehnsüchte kennen? Ich glaube, daß sie sich dann irgendwie künstliche Sehnsüchte schaffen müssen, aus dem Bereich der raschen Erfüllbarkeit. Vielleicht kommt man, konsequent weitergedacht, dann auch zu der Sehnsucht, aus dieser Langeweile ganz auszusteigen. Auf welche Art auch immer.

Wenn man sich Menschen vorstellt, die die Möglichkeit nicht selber erlebt haben, sich eine andere Welt, eine Utopie zu phantasieren, und sei es die der Modelleisenbahnlandschaft, ja dann ändert sich halt nichts, dann nimmt man alles hin, schluckt jede Politik, jede Bevormundung. So ist die Haltung doch jetzt schon vielfach: Ach, da kann ich doch sowieso nichts ändern... Und Spielen ist nun einmal Probehandeln. Ein Kind er-spielt sich seine Welterfahrung. Außerdem ist alles kreative Handeln eine Befreiung von dem Gefühl, in der Welt der Erwachsenen und der Gefahren machtlos und hilflos zu sein.

Unverständlich bleibt mir auch, daß gerade pädagogisch bemühte Eltern, die für viel Geld dieses sogenannte Lernspielzeug zur Kreativitätsförderung kaufen, nicht sehen, daß die Phantasie am meisten angeregt wird, wenn ein gewisser Mangel herrscht. Das geht doch uns Erwachsenen genauso. Wenn wir etwas überbrücken müssen, sprießt die Kreativität. Ganz simpel, wie bei der Eisenbahnbrücke aus Pappkarton.»

Jemanden um seine Träume zu bringen, beraubt ihn eines spezifisch menschlichen Vermögens. Im Traum, im Tagtraum kann ein Potential zur Veränderung stecken. Natürlich können kleine Kinder noch keine politischen Träume entwickeln. Aber es ist ja auch eine Kunst, mit den Träumen umzugehen, die sich auf das tägliche Leben, auf den zwischenmenschlichen Bereich beziehen. Wenn alles nur Denk- und Wünschbare bereits Einzug ins Kinderzimmer gehalten hat, noch ehe sich die Kinder davon träumen ließen, wird das Leben garantiert zu einer langweiligen Sache. Die Dichterin Marie von Ebner-Eschenbach hat es einmal so formuliert: «Nenne dich nicht arm, weil deine Träume nicht in Erfüllung gegangen sind; wirklich arm ist nur der, der nie geträumt hat.»

Alexander Lesko, ein Architekt: «Unser Sohn wollte in der ersten Klasse einmal unbedingt einen Radiergummi in Mickymaus-Form. Wir fanden es überflüssig, weil er natürlich einen der üblichen Quaderform besitzt. Wir nahmen das Thema auch nicht besonders ernst. Aber dann fuhr er, heimlich, vier Kilometer allein mit dem Rad ins Dorf, um ihn sich selbst zu kaufen. Und kam strahlend, stolz und glücklich wieder zurück. Diesen Spaß, etwas heimlich zu tun, und diesen Stolz, die weite Strecke geschafft zu haben, hätten wir ihm mit einem gekauften Gummi nicht mitliefern können.»

Exkurs über die Langeweile

Über Langeweile wurde viel philosophiert, auch Psychologen, Pädagogen und die Produzenten aller Käuflichkeiten haben dazu Stellung bezogen. Der französische Philosoph Blaise Pascal (1623–1662) sah in ihr den Abgrund der menschlichen Existenz: «Denn nichts ist dem Menschen so unerträglich, wie in einer völligen Ruhe zu sein, ohne Leidenschaft, ohne Tätigkeit, sich einzusetzen. Dann wird er sein Nichts fühlen, seine Verlassenheit, seine Unzulänglichkeit, seine Abhängigkeit, seine Ohnmacht, seine Leere. Unablässig wird aus der Tiefe seiner Seele die Langeweile aufsteigen, die Niedergeschlagenheit, die Trauer, der Kummer, der Verdruß, die Verzweiflung.» – Bereits jeder dritte Deutsche gibt im Schutz einer anonymen demoskopischen Umfrage zu, daß er unter Langeweile leidet, auch daß er nicht in völliger Stille allein sein kann und gern am Wochenende mal etwas Größeres unternehmen würde. Die amerikanische Künstlerin Jenny Holzer verkündet, mehr als Wunsch denn als Realitätsbeschreibung: «Langeweile läßt dich verrückte Dinge tun.» So der Text eines ihrer klaren, leuchtenden Spruchbänder, für die sie 1990 den ersten Preis der Biennale in Venedig bekam.

Nur ein scheinbarer Widerspruch dazu ist die Klage vieler Menschen über zuviel Streß, zuviel Hetze, zuwenig Muße. Forscht man einmal nach, wie sie tatsächlich ihre «freie» Zeit gestalten, läuft auch da alles wieder auf Streß und Hetze hinaus. Der Grund ist die (wahrscheinlich realistische) Angst, daß beim Fehlen von Betriebsamkeit und Geselligkeit ein dunkles Loch von Leere und Einsamkeit sich auftun würde. Schuld daran wird den permanenten «einfachen Reizen» gegeben. Nach Erich Fromm (1976, S. 114) sind dies Stimulanzien, die passive und direkte Reaktionen hervorrufen und ständig erneuert werden müssen, weil sie nicht lange «satt» machen. Der Fernseher ist das Paradebeispiel. Mit ihm wird die Zeit totgeschlagen, alles wird par distance konsumiert, nichts provoziert wirkliche Gefühle. Solche «Erlebnisse» sind flüchtig, ohne Nachklang, und konfrontieren den Programmkonsumenten zudem ständig mit dem Wissen, daß es noch Millionen andere Orte, andere Menschen, andere Lebensformen gibt, so daß die eigene Situation als immer schaler, immer weniger wert, als sterbenslangweilig beurteilt wird.

Dagegen sieht der Anthropologe Rudolf Bilz den Grund für die sich ausbreitende Langeweile im «Reizhunger», dem Fehlen von realen Abenteuern, denn die Welt der westlichen Mittelschichtangehörigen ist weitgehend sorgenfrei, aber auch reiz-los geworden.

Der Grad von Langeweile ist davon abhängig, ob der Mensch Interessen und Fertigkeiten ausgebildet hat. Und das beginnt, wie alles, in der Kindheit. Die Frage ist, ob das Kind nur mit vorgefertigtem Spielzeug hantiert oder sich selbst etwas bastelt, ob es sich an Dinge, Situationen, Phantasien verlieren kann. Psychologen bezeichnen neuerdings dieses «selbstvergessene Aufgehen im Tun» als «Flow-Erlebnis». Die höchsten Flow-Gefühle werden im Spiel und in der Kunst erreicht, wenn nicht das Ziel, sondern der Prozeß fesselt und darüber Langeweile, Ängste und Spannungen nicht empfunden werden. Wichtig ist: um die Flow-Ebene zu erreichen, muß der Schwierigkeitsgrad der Aktivität angemessen sein. Denn eine Überforderung würde Spannungszustände und (Spiel-)Unlust erzeugen, eine Unterforderung dagegen Langeweile.

Und wie vermeidet man nun die ängstigende Langeweile? Die simpelste Methode ist körperliche Bewegung. «Wenn die Sinne und die Körperfunktionen unterentwikkelt bleiben, verschütten wir die wichtigste Quelle für Flow-Erlebnisse. Ein ungeübter und untrainierter Körper bewegt sich schwerfällig und unbeholfen, ein untrainiertes Auge sieht nur chaotische und uninteressante Dinge, ein untrainiertes Ohr fühlt sich selbst durch gute Musik belästigt. Die Verkümmerung der Sinne ist eine der wichtigsten Ursachen für Langeweile.» (Ernst, 1990). – Eine andere wirkungsvolle Methode gegen die Langeweile ist im Glücksfall das Lesen. Beim Lesen ist der Körper völlig entspannt und befindet sich sowohl in einem «Trance-Zustand» als auch in einer leichten Erregung, die intensiver sein kann als der durchs Fernsehen erreichte Stuporser. Denn Lesende produzieren Bilder aus ihrer ureigensten Erfahrungswelt und Biographie, was wiederum ihr Gedächtnis und ihre Eigenaktivität ankurbelt.

Wie soll man mit Kindern umgehen, die sich langweilen? Von den Eltern, die gleich ihre Geldbörse zücken, soll nicht geredet werden. Manche Eltern machen «Programm» oder geben Anregungen («Spiel doch mal wieder mit deinem Flugzeugmodell»). Anders eine Psychoanalytikerin zu ihrem Sohn: «Also, wenn du dich schon langweilen mußt, dann tu es wenigstens bewußt. Denn dann wird dir schon bald etwas Schönes einfallen.» Langeweile läßt sich auch als schöpferische Pause ansehen, als Chance für neue Kreativität.

Mit Geschenken verknüpfen Kinder zum einen die Erwartung, daß ihre Langeweile beendet wird. Zum anderen werden auf diesem Wege Gefühle vermittelt, sie sind Ausdruck von Zuneigung. Ein Geschenk bindet auch immer, um nicht zu sagen: verpflichtet. Es ist ein «Angebinde». Aber ganz sicher scheinen sich dessen selbst Erwachsene nicht mehr zu sein.

Monika Müller, Mutter des neunjährigen Stefan: «Eigentlich haben die Kinder tatsächlich alles. Damit könnte man glatt ein Kinderheim ausstatten. Bei uns kommt vieles auf den Dachboden, Stefans Playmobilfahrzeuge und so weiter. In diesem Jahr hatte Stefan, Gott sei Dank, wieder einen Weihnachtswunsch: Legotechnik mit Computer. Und er bekommt auch nur dies. Nicht mehr. Nur noch ein Buch oder solche Kleinigkeiten.»

Welche sprachliche Verwirrung! «Nichts zu schenken» heißt übereinstimmend bei erstaunlich vielen Eltern, daß die Kinder sehr wohl Bücher, Platten, Gesellschaftsspiele, Kleidungsstücke bekommen. Angeblich Kleinigkeiten. «Nichts» ist dabei keineswegs nichts. «Nichts» ist oft eine ganze Menge, die aber anscheinend nicht zählt. Solche Eltern bemerken gar nicht, wie sie damit ihre eigenen Geschenke, Ideen, Überlegungen abwerten.

Genau diese Sicht der Dinge hat bereits Marita Platow mit ihren drei Jahren, obwohl sie auf einem Bauernhof lebt, weitab von städtischen Verlockungen, und obwohl ihre Eltern keineswegs dem Konsum huldigen. Doch als nach Weihnachten ein Päckchen ankommt, nachdem alle Geschenke und Pakete von den Eltern, den Großeltern, den sechs Paten und etlichen Hausangestellten ausgepackt waren, und ihre

Mutter in frohlockendem Ton ankündigt: «Ach, guck mal, da ist ja noch eine Kleinigkeit für dich!», schreit die junge Dame: «Ich will aber keine Kleinigkeit, ich will ein richtiges Päckchen.» Zudem fragt sie genau nach, wer eigentlich ihre sechs Paten seien. Rasch wird die Anzahl der Geschenke überprüft, und prompt entdeckt das kleine dreijährige Buchhaltungsrechenwunder, daß ein Geschenk fehlt. Woraufhin der entsetzte Vater allen sechs Paten mitteilt, daß sie zum nächsten Weihnachtsfest doch bitte nichts schenken mögen.

Was macht eine Patentante oder ein Patenonkel, wenn der Vater des Patenkindes Geschenke für unerwünscht erklärt? Sie könnten einen Gutschein ausstellen für eine Übernachtung in der Großstadt, für ein Wochenende Babysitten, für einen Vormittag S-Bahnfahren oder für einen Zoobesuch. Vielleicht eine Reise zum zehnten Geburtstag in Aussicht stellen. Aber das zieht ja auch nicht mehr, denn bis dahin wird das Kind schon sechsmal zum Skilaufen und sechsmal in die Sommerferien gefahren sein. Was wäre von der folgenden Idee zu halten? Einen langen Brief für Marita oder ihresgleichen über sie zu schreiben, der es vielleicht wert ist, ins Lebensalbum geklebt zu werden. Oder einige Tonbandaufnahmen zu machen, ihre Eltern, die Großeltern interviewen, um im Laufe der Jahre ein Dokument ihrer Entwicklung zu erstellen. Aber so etwas ist natürlich mit Arbeit und Zeitaufwand verbunden.

In solchen persönlichen Geschenkideen gibt sich, ähnlich wie bei selbstgebastelten Dingen, der Schenkende zu erkennen. Das Geschenk hat den Reiz der Einzigartigkeit, des Außer-Gewöhnlichen, des völlig Unverdienten. Solche Geschenke stehen auf keiner Wunschliste, die ohnehin an Einkaufszettel im Befehlston erinnert, sie bedeuten keine Pflichterfüllung und haben nichts mit Wettbewerb zu tun. Eben weil sie von Herzen kommen, provozieren sie Dankbarkeit und sind Zeichen von Liebe. – Im anderen Fall, wenn

Eltern zuviel schenken, gehen sie das Risiko ein, daß ihre Liebe immer weniger in den Präsenten spürbar ist.

Auf eine andere Art hilflos fühlen sich Erwachsene. Manche wissen offensichtlich nicht, wie ihnen geschieht! Antoinette Muriel hatte bereits ihren einzigen, nunmehr erwachsenen Sohn verwöhnt. Zum Beispiel schenkte sie ihm vor Jahren, lange bevor er überhaupt einen Führerschein besaß, einen schicken kleinen Oldtimer. Jetzt ist sie begeisterte Großmutter eines einzigen Enkelkindes von fünf Jahren. Trotz des Wunsches der Schwiegertochter, bei ihren von allen sehr geschätzten Besuchen «nur» sich selbst mitzubringen (Zeit und Zuwendung schenkt sie dem Kind in dieser Zeit sowieso reichlich) und auf zusätzlich mitgebrachte Attraktionen zu verzichten, fällt es ihr ungemein schwer, dem zu entsprechen. Und sie formuliert ihre letzte Niederlage selbstironisch, ein wenig entschuldigend und höchst treffend: «Da hat mich doch in der vergangenen Woche wieder so eine große Legokiste erwischt, die ich dann einfach für Olaf kaufen mußte!»

Weihnachten wurde inzwischen zum Synonym für Konsumrausch und für den Überfluß. Für Weihnachten 1990 bezifferte der deutsche Einzelhandel den Umsatz an Geschenken, an Essen und Trinken mit satten 25,5 Milliarden Mark. Ein neuer Rekord (*Die Zeit*, 21.12.1990).

Und wie kommt nun das Geschenk zum Kind? Gerade zu Weihnachten gibt es die verschiedensten Rituale: Geschenke offen oder verschnürt, auf einmal oder häppchenweise, mit oder ohne Weihnachtsmann.

Eine Szene mit drei Brüdern. Die Eltern sind Künstler. Eine intakte Familie. Der Älteste ist 14, der jüngste Sohn sechs Jahre alt. Das Weihnachtszimmer: Alle wuseln herum, auch die Eltern, die Verwandten. Keiner konzentriert sich, weder auf einen Mitmenschen noch auf eine Sache. Von Feierlichkeit ist nichts zu spüren, nur viel Ungemütlichkeit.

Die Kinder stürzen sich auf das größte Paket. Die schnellsten sind die ersten und reißen die Einwickelpapiere auf. Es findet nahezu ein Handgemenge statt. In Sekundenschnelle wird der Inhalt durchgecheckt und sofort beiseite gelegt. Es wird noch nicht einmal wahrgenommen, von wem das Paket ist, nicht danach gefragt, nicht eine halbe Minute bei der Idee dieses Geschenkes verweilt. Sie kommen mir wie Plünderer vor. Aufreißen, angucken, weglegen, Gedanken vermeiden, Gefühle gar nicht erst aufkommen lassen, bloß keine Gemütsregung negativer oder positiver Art verschwenden, weitergrabbeln, nächstes Paket suchen, aufreißen, gucken, abwerten, hinlegen, weg. Der martialische Ausdruck, der dafür in einigen Familien gebräuchlich ist, heißt: Materialschlacht. Und so wirkt es auch. – Die Stimmung bei den drei Buben ist entsprechend genervt, gefrustet, hektisch.

Bei diesem «Schlacht»-Getümmel haben die Kinder versäumt, sich einen Holzkasten mit verschiedenen, von Künstlern entworfenen Spielsachen anzuschauen. Ein schönes Geschenk, jedenfalls eines, was der Beachtung wert wäre, denn die einzelnen, in dem Kasten wunderbar ineinandergefügten Gegenstände sind voller Phantasie und Witz. Die könnte man anfassen, das Material spüren, auseinandernehmen, man könnte den Objekten Namen geben, sie definieren, zuordnen, erklären. Man könnte über die Künstler sprechen, einige kennen die Eltern persönlich. Erwachsene und Kinder könnten gemeinsam und einzeln viel Spaß haben, aber dazu müßten die Voraussetzungen stimmen. Wenn die Eltern keine Beschaulichkeit initiieren, wird nichts beschaut, wenn sie keine Feststimmung ausstrahlen, wird ordinär gegrapscht.

Ideell haben die drei Jungen ungleich mehr verloren: nämlich andere Gefühle als hektische Gier zu empfinden. Und sei es wirkliche Enttäuschung, wenn das Geschenk nicht gefallen hat. Dankbarkeit zu fordern gilt ja als völlig out. Aber

Dankbarkeit kann aus Liebe erwachsen und Liebe wachsen lassen. Die haben sie vorübergehen lassen, haben sie verschmäht, sich nicht angeeignet. Auch um Liebe zu empfinden, ist Aktivität nötig. Selbst wenn den drei Jungen wirklich nichts an dem materiellen Geschenk Spaß gemacht hätte, die dem Geschenk innewohnende Liebe hätten sie ganz gut brauchen können. Um sich an diesem Weihnachtsabend ein wenig zufriedener zu fühlen. Um den leeren, am Mitmenschen vorbeizielenden Blick, den Jugendliche bereits so häufig haben wie genervte Verkäuferinnen im Kaufhaus, wenigstens an diesem Abend aufgeben zu können. Die Folge wäre: ein intensives Erlebnis statt der «Auspackschlacht», die ohne besondere Gefühle, ohne richtige Freude vonstatten geht. Am Ende – ein Haufen Müll auf dem Fußboden, jeder stolpert achtlos darüber, und der Jüngste beginnt nach Süßigkeiten zu quengeln: ein geradezu klassisches Beispiel von Frustrationskompensation.

Maria Hubertus, Mutter von fünf Kindern, hatte die weihnachtlichen Fleddersituationen irgendwann satt. «Bei uns ist Weihnachten schon immer eine besondere Sache. Wir tragen nämlich nicht im Alltag teure Anziehsachen, sondern ganz altmodisch nur an den Feiertagen unsere langen Kleider, die Männer sind im Frack. Nach dem Kirchgang steigt die Spannung, wenn die Kinder in einem dunklen Raum warten müssen, bis die Glocke ertönt. Der Kontrast zu den strahlenden Kerzen am Baum ist dann besonders intensiv. Jedes der Kinder sagt eine Stelle der Weihnachtsgeschichte auf. Seit einigen Jahren gibt es keine einzelnen Gabentische mehr, wo jeder draufstürzt und was immer hektisch und ungemütlich wurde. Alle Geschenke sind jetzt eingewickelt und liegen auf einem großen Haufen. Reihum darf jedes Kind eines aufmachen, aber ganz langsam nacheinander. Das Geschenk wird bewundert, bestaunt, begutachtet, richtig in Ruhe. Diese Ruhe kommt daher, weil ich erst ganz zum

Schluß sage, wem es zugedacht ist. Manchmal, wenn eines der Kinder begeistert oder gerade absolut nicht begeistert ist, wechsel ich noch rasch den Empfänger. Schön ist auch, daß alle die Geschenke wahrnehmen und die Freude von demjenigen teilen, der es dann endlich in den Händen hat. Und mit ihrer Begeisterung loben sie natürlich auch denjenigen, von dem das Geschenk stammt. Ich, die ich dann meistens ziemlich fertig bin von den Vorbereitungen, kann das Lob auch ganz gut gebrauchen.»

Eine Alternative zu dem jährlich wachsenden Weihnachts-Müllberg hat Augusta Blume gefunden: «In unserer Familie hat sich aus Zufall folgendes ergeben: Mir fehlte am Weihnachtsabend plötzlich Einwickelpapier. Also nahm ich einen billigen Stoff, dunkelblau mit gelben Punkten, den ich in meiner Nähschublade fand, und wickelte die Geschenke darin ein. Es sah hübsch aus. Und daraus hat sich eine Tradition entwickelt: Wir verpacken die Geschenke seit nunmehr fast zehn Jahren immer in dem gleichen Stoff. Er hält besser als Papier und transportiert noch heute etwas von der frühkindlichen Weihnachtsfreude. Die Kinder wollen nicht darauf verzichten. Also habe ich einige Jahre später noch einen bunten Geburtstagseinwickelstoff geschaffen.»

Elisabeth Schmieder erzählt von einer anderen Alternative: «Viele Freunde oder Familien haben in den vergangenen Jahren beschlossen, sich zu Weihnachten nichts mehr zu schenken. Abgesehen davon, daß die wenigsten es durchhalten, finde ich es auch traurig. Denn ich schenke doch so gerne. Viele spenden auch Geld für gute Zwecke. Wir haben mit unseren Freunden ein Jahr ausgesetzt und fangen sozusagen beim Nullpunkt wieder an. Also mit ganz, ganz kleinen Dingen. Die Spirale der gegenseitigen Geschenke hatte sich nämlich ziemlich in die Höhe geschraubt.»

Eine Psychotherapeutin, genervt von ihren Neffen und Nichten, die fernsehgeil, unkommunikativ, fast autistisch und süßigkeitenabhängig dahinleben, sagte einmal: «‹Ich schenke euch, weil ihr euch ja über nichts freuen könnt, ein Nein-Wochenende. Denn das Wort kennt ihr ja sowieso nicht.› Erstaunlicherweise fanden die Kinder das interessant. Und wir begannen zu überlegen, wie das aussehen müßte: Ich würde nicht immer, aber oft nein sagen und das Nein auch durchsetzen. Es wurde ein richtig altmodisches, gesundes Wochenende: kein TV, kein Süßkram, mit einer erzählten Gutenachtgeschichte früh ins Bett, viele Spiele, ein nicht übertriebenes Maß an Zuwendung – es war ein toller Erfolg!»

Zu den Weihnachtsriten gehört in erstaunlich vielen Familien das Geschichtenerzählen, um die Spannung vor der Bescherung zu steigern. Es müssen nicht immer die berühmten Weihnachtserzählungen von E. T. A. Hoffmann «Nußknakker und Mausekönig», von Charles Dickens, die Weihnachtsnovelle von Adalbert Stifter «Bergkristall» oder von Peter Rossegger «In der Christnacht» sein.

Augusta Blume, eine Kinderbuchautorin, Jahrgang 1950: «Meine Mutter mußte uns immer wieder folgende Geschichte erzählen. Ich wollte sie hundertmal hören. Es ging um einen jüngeren Vetter meines Vaters. Dieser Cousin ist vielleicht 1940 geboren. Er wurde mit seiner ganzen Familie 1945 von russischen Soldaten nach Rügen verschleppt, wo einige Familienangehörige umgebracht wurden. Unterwegs, in Viehwagen, bei schrecklicher Kälte hatte der kleine Leo Geburtstag, und seine Mutter zauberte ihm ein Geschenk herbei. Es waren fünf bunte Gummibänder. Normale Schnappgummis. Und sie machte aus einem Brötchen und ein wenig Wasser einen winzigen Napfkuchen. Und wie der Kleine sich gefreut hat! – Meinen jungen Onkel Leo bewunderte und liebte ich als kleines Mädchen innig, auch wegen dieses Flairs von überwundener Entbehrung. Man konnte so herzzerreißend mitleiden. Heulen könnte ich auch heute noch darüber. Diese Geschichte hat mein Weltbild nachhaltig geprägt, mich davor bewahrt, dummes Zeug für mich selbst und für Kinder zu kaufen. Sie hat einfach und schlicht Maßstäbe gesetzt.»

Oliver Belmonte, Jahrgang 1945, auf einem Schloß, wenn auch nicht konsumverwöhnt aufgewachsen. Auch er kennt die Macht von Erzählungen. «Am Weihnachtsabend mußte uns unser Kindermädchen, die auch jetzt noch in der Familie lebt, vor der Bescherung folgende Geschichte erzählen: Ein armer und ein reicher Junge gehen zusammen in die Schule. Der arme wird gehänselt, und seine einzige Wintermütze wird von den anderen in den Fluß geschmissen. Als er sie retten will, fällt er hinein, wird platschnaß und anschließend krank. Aber die Mutter des reichen Jungen schimpft sehr und verlangt, daß ihr Sohn mit all seinen schönen Spielsachen, die er zu Weihnachten bekommen hatte, zu dem armen geht. Da kommt er an das Haus, das ganz ärmlich und klein ist. Nur eine düstere Birne brennt in einem Zimmer. Der Kranke ist allein, weil seine Mutter zur Arbeit mußte. Der reiche Junge entschuldigt sich und sagt, er habe seine neue Ritterburg mitgebracht, womit sie zusammen spielen könnten. Da strahlt der arme Junge und kriegt feuerrote Backen und spielt den ganzen Nachmittag, wie der reiche es noch nie erlebt hatte. Zum Schluß sagt er: Laß uns doch tauschen, du kriegst meine Ritterburg und ich dein Holzpferdchen. Und dann werden sie natürlich die besten Freunde.» Aus ähnlichen Gründen wird im Fernsehen, meist am Heiligen Abend, Christian Andersens Märchen vom kleinen Mädchen mit den Schwefelhölzern gezeigt: die Geschichte von dem armen Kind, das draußen im Schnee erfriert, während drinnen in den Häusern der fette Gänsebraten gegessen wird. Gäbe es eine Konsequenz? In der russisch-orthodoxen Weihnachtstradition wird in jeder Familie ein zusätzliches Gedeck für einen armen oder einsamen Menschen aufgelegt.

Vorfreude zu stimulieren gehört auch zu den alternativen Möglichkeiten. Monika Wohlmann, Jahrgang 1958, erzählt: «Bei uns zu Hause gab es vier Wochen vor Weihnachten nur noch Minimal-Essen, also kein Fleisch, nur noch eine Sorte Marmelade, eine Sorte Käse. Die Begründung meiner Mutter war, daß wir uns dann mehr auf das Festessen freuen würden. Was auch stimmte.»

Alexander Lesko, Jahrgang 1951, ein Architekt und selbst Sohn eines Architekten: «Wir lebten zu Hause keineswegs in Saus und Braus, aber wir hatten genug. Weihnachten bekamen wir auch ziemlich viele Päckchen von den fünf Paten, den Großeltern und so weiter. Meistens mit Dingen, die wir brauchten: etwas zum Anziehen oder Bücher und Spiele. – Als meine ältere Schwester und ich 14, 15 Jahre alt waren, wurden wir von einer Bekannten gefragt, die ein Altersheim leitete, ob wir nicht Weihnachten dort aushelfen könnten, weil natürlich viele der Angestellten frei haben wollten. Das haben wir auch gemacht. Nachmittags ab 15 Uhr ungefähr. Wir haben alle Gehbehinderten zur Weihnachtsfeier gebracht, haben beim Teeausschenken geholfen, die Päckchen mitverteilt und beim Abendessen serviert. Wir waren gut beschäftigt. Ich lernte dabei eine alte jüdische Dame kennen. Es war die Ehefrau des Physikers Max Born. Das war sehr aufregend. Gegen zehn Uhr haben uns dann die Eltern und jüngeren Schwestern abgeholt, die zuvor in der Kirche gewesen waren, und dann begann zu Hause die Bescherung. Wir waren ungeheuer stolz und befriedigt. Drei bis vier Jahre haben wir das gemacht. Außerdem war es sehr sinnvoll, weil dadurch die heftigen pubertären Auseinandersetzungen um die Form des Weihnachtsfestes hinfällig wurden. Wir fühlten uns gebraucht, und deswegen war das Infragestellen des Weihnachtsfestes nicht mehr nötig. Meine Eltern haben diese Aktion sowieso unterstützt, weil sie selbst sehr sozial eingestellt sind und viel für andere tun.»

6 Kindergeburtstage: In Saus und Braus

Kindergeburtstage: das jährliche Showlaufen der Mütter. Feiern will gelernt sein. Glück ist nicht nur käuflich, auch wenn's das Beste für den Liebling und Lieblings Freunde sein darf, nämlich Schleckereien aus den Konsumtempeln der Patisserien. Das ist noch die leichteste Übung, das Design und die Produktion der kulinarischen Feinheiten. Doch manche Kinder, immer satt und meist rund von Haus aus, sind unerbittlich. «Ist das alles?» so lautet die vernichtende Frage.

Befragen wir uns selbst. Wer kann schon von sich sagen: Ich bin eine gute Gastgeberin, ein begeisterter und begnadeter Gastgeber? Und wer kann von sich behaupten, wirklich die Kunst zu beherrschen, Gast zu sein: charmant, geistvoll, umsichtig? Die beiden Seiten derselben Medaille. Bleibt eine, bleiben schlimmstenfalls beide Seiten stumpf, gerät selbst das bestorganisierte Vergnügen zu purer Langeweile plus Pistazieneis und Schokotorte. Allen Befragten fallen sofort besonders zum Thema Kinderparty abschreckende, deprimierende Beispiele ein. Sehen wir uns also erst einmal die Negativ-Szenarien an.

Constanze Willing, Jahrgang 1955, deren Kinder drei und zwei Jahre alt sind, lebt auf einem Bauernhof in Norddeutschland: «Bei einem Kleinkindergeburtstag kriegte das

Geburtstagskind natürlich von allen Geschenke, packte diese nur achtlos aus und legte sie auch schon wieder weg. Sie wurden weder angesehen noch gewürdigt. Dann setzten sich die Kinder an die sehr reich gedeckte Kuchentafel, und eines fragte, ohne überhaupt einen Bissen gegessen zu haben: Und was gibt's heute abend? Mich hat das ziemlich erschreckt, diese Anspruchshaltung.»

Caroline Barthes: «Ruth ist mit ihren elf Jahren schon zweimal zu einem Geburtstag eingeladen gewesen, wo die Eltern jeweils ungefähr 15 Kinder ins Hansatheater ausführten. Für rund 50 Mark pro Kind. Da wird mir ganz schlecht.»

Andreas Oth, Pädagoge: «Auch an den Geburtstagsfesten sieht man, wie viele Dinge heute einfach zu früh gemacht werden. Dadurch wirkt alles gewöhnlich, wirkt übersättigend, und das heißt langweilig. Heute zieht doch bei vielen kein Argument mehr, daß Kinder zu jung für Kino, Theater oder die Oper seien. Die Kinder müssen alles zu früh mitmachen: Laufen lernen, Alleinsein lernen, Radeln schon mit vier, Schwimmen. Zwei Dinge werden übersehen: Ob sie es wegstecken und verkraften können, und ob es der richtige Zeitpunkt ist, um es wirklich zu genießen.»

Veronika Durbridge, eine Grundschullehrerin: «Für Sigrid haben wir zu ihrem zehnten Geburtstag ungefähr 18 Kinder eingeladen. Die durften dann auch alle hier schlafen. Ein andermal haben wir eine Fahrradtour gemacht mit so vielen. Aber irgendwann haben sich die anderen Eltern beschwert, weil sie den Eindruck hatten, wir würden die Maßstäbe verderben. Obwohl es noch nicht einmal um materielle Werte ging, denn zu essen gab es ganz normal: Brezeln und Kuchen, abends Würstchen. Aber auch der Aufwand stieß auf Widerstand. Und irgendwie kann ich das verstehen, denn es war wirklich eine Mammutveranstaltung. Mein Mann liebt das, ich weniger.»

Ruth Oth, eine Mutter von drei Kindern: «Im vergangenen Jahr gab es ein Sommerfest von der Kirche. Fabelhaft organisiert mit schönen Spielen: im Sand, mit Ballons, mit Seilen, mit Kugeln und Trampolin. Fast überall gab es als Belohnung Werbegeschenke von Firmen: Einkaufstaschen und Kulis, blöde Sachen. Unseren Sechsjährigen fragte ich: Hast du eigentlich schon das Tunnelkriechen gemacht? Er fragte zurück: Gibt es da was? Nein, bei diesem Spiel gab es gerade nichts, also stellte er sich wieder bei einem Babyspiel an, um seine dritte Einkaufstasche zu bekommen. Absurd! Man konnte richtig beobachten, wie die Kinder sich korrumpieren ließen von solchem Schrott.»

Alexander Lesko, ein junger Architekt: «Mein achtjähriger Sohn war einmal eingeladen zu einem Kinderfest, wo ein Rundflug über Hamburg veranstaltet wurde. Sehr aufregend für die Kinder, aber mehr in der Vorfreude. Denn als sie gelandet waren, fragte ein Besuchskind: Und wann feiern wir endlich den Geburtstag?»

Mechthild Bellmann: «Das Absurdeste, was ich je gehört habe, war der zwölfte Geburtstag eines Mädchens. Da hatten die Eltern einen Partyservice beauftragt, und die Kinder bekamen Sekt und Cocktailhäppchen. Marie-Anne, unsere Tochter, hat zwar nichts getrunken, aber sich schiefgelacht. Die Kinder konnten das gar nicht einordnen und fanden es reichlich doof.»

Konrad Bellmann, ihr Sohn, 15 Jahre: «An meiner Schule gibt es viele Kinder von ziemlich reichen Leuten. Manche Eltern sind die Besitzer von Großkonzernen. Aber die Protzigsten sind keineswegs immer die Reichsten. Da war eine Fete mit 60 Leuten, alle kriegten Pizzas, die angeliefert wurden, und ein Faß Bier wurde aufgemacht. Der Junge wurde 15. Trotzdem kam überhaupt keine Stimmung auf. Ziemlich blöd und ziemlich langweilig.»

Marie-Anne Bellmann, seine ältere Schwester: «Bei einem Mädchen aus meiner Klasse, als sie ihren 18. Geburtstag hatte, gab es ein Fest, das sie total normal fand. Für mich war das ein Hammer. Sie hat 60 Freunde eingeladen, ihre Eltern noch einmal 40 Leute, und alle sind zu einem sehr guten Italiener gegangen, wo es ein Menü mit sechs Gängen gab, Getränke und Tanz mit einem Discjockey. Ich fand das nicht gut. Da gibt es doch überhaupt keine Steigerung mehr.»

Eine Steigerung fand zu einem anderen 18. Geburtstag sehr wohl statt. Warum nicht ein Flugzeug chartern, sagten sich Münchner Eltern, um die lieben Neuerwachsenen nach Ägypten zu fliegen, wo dann eine Ralley durch die Wüste rund um die Pyramiden ausgetragen werden durfte? Das hat Stil!

Professionell ausgerichtete Geburtstagsfeiern wie bei MacDonalds mit Animateuren, mit Clowns, Facepaintern, Zauberern, Akrobaten, Luftballonkünstlern sind in Amerika bereits gang und gäbe. Es werden sogar Spezialisten engagiert, die mit den Kindern die uralte Kunst des Kuchenbackens zelebrieren. Der neueste Hit in den USA sind Geburtstagsfilme, selbst gedreht. Natürlich unter Anleitung einer Videocrew, die erst einmal einen Kinder-Zirkus inszeniert, um ihn anschließend auf Kassette zu bannen.

Dagegen geht es in unseren Mittelschichtsbreitengraden noch gemäßigt zu. Trotzdem wird keineswegs immer das Ziel erreicht, daß alle Beteiligten, das Geburtstagskind in erster Linie, seine Mutter und die kleinen Gäste, einen schönen, sprich vergnügten und spannend-entspannten Nachmittag erleben.

Nadine Karl, 25 Jahre, ihre Tochter Bixi ist vier: «Also, beim letzten Geburtstag hat sie 15 Freunde aus dem Kindergarten eingeladen. Wir sind ja erst vor kurzem hier eingezogen, sonst wären es bestimmt 30 Kinder gewesen. Das waren nur ihre engsten Lieblingsfreunde. Ich hatte zwei ältere Schülerinnen engagiert, die mir geholfen haben. Hatte auch immer ein Buch neben mir liegen. So eines mit Spielanleitungen, weil ich das mit dem Topfschlagen und so nicht mehr richtig kannte. Es war trotzdem ein ziemliches Chaos und Bixi hinterher völlig fertig. Ich auch.»

Glückliche Bixi: 15 Kinder als «beste Freunde» titulieren zu können! Welcher vernunftbegabte Erwachsene kann das von sich sagen? Aber wir erinnern uns: Bixi ist auch diejenige, die 111 (mittlerweile sind es vielleicht schon 147) Plüschtiere ihr eigen nennt und bei der täglichen Auswahl der Lieblinge für den Ehrenplatz in ihrem Bett schon das Auswählen von Freunden einübt.

Jane Dennull hat ebenfalls ein vierjähriges Kind: «28 Kinder waren beim letzten Kindergeburtstag da. Wir haben Moritz ein Puppentheater geschenkt, und mein Mann hat etwas aufgeführt. Er wollte eigentlich die Puppen selbst bauen, hat es aber nicht geschafft. Zu essen gab es Buletten, Brezeln und Süßigkeiten. Einmal hatte ich die Süßigkeiten durch eine zuckerlose Götterspeise ersetzt, aber das kam nicht an. Ist ja auch egal, dann sollen sie eben ihren Süßkram haben. Dann haben die Kids alle getobt. Die sind ja noch zu klein, um richtig spielen zu können. Es war wahnsinnig laut, das totale Chaos, und zum Schluß heulte die Hälfte. Aber das gehört ja dazu. Es war wunderbar.»

Magdalena Belmonte, deren Kinder zwischen zehn und drei Jahren alt sind, wundert sich: «Die Geburtstage sind doch nur Shows für die Mütter. Dann findet eine Kuchenschlacht und ein Geschenkeaustausch statt. Es geht doch meist gar nicht wirklich um das Geburtstagskind. Es geht auch nicht darum, daß es lernt, sich wie ein Gastgeber zu verhalten. Dazu gehört doch: seinen Gästen Aufmerksamkeit zu schenken, zu gucken, ob es denen gutgeht. Eigentlich können das in einem bestimmten Maß schon Fünfjährige, die in dem Alter oft sehr liebevoll und sensibel sind. Nein, sie kassieren die Geschenke und basta. Und die anderen Kinder lernen ebensowenig, sich wie Gäste zu benehmen. Das wünsche ich mir schon von meinen Kindern, daß sie sich anders als zu Hause verhalten, weniger rüpelhaft. Und jede Geburtstagsfeier bei kleineren Kindern endet mit Gekreisch und Tränen. Ich wundere mich immer, daß die anderen Mütter das normal finden und nichts dagegen tun. Mich deprimiert das. Für einen Erwachsenen wäre es auch blöd, wenn eine Party im Desaster endet. Manchmal habe ich es schon geschafft, meine Kinder eine halbe Stunde vorher da herauszulotsen, wenn ich merke, daß die Toberei gleich in Gezänk umschlägt. Einfach, damit sie das Fest in guter Erinnerung behalten und um die Schlußnervung zu umgehen, wenn alle sich nur noch anschreien.

Welchen Stellenwert Einladungen haben, merkt man ja auch schon bei den Kleinsten: Wenn man nämlich keine Gegeneinladung zum Geburtstag macht, egal wie oft das Kind während des Jahres bei uns zu Besuch ist, werden meine Söhne nicht mehr eingeladen. Es geht also gar nicht um Sympathie, es geht um Sozialprestige, um einen Tauschhandel: Wenn du bei mir Kuchen ißt, dann will ich bei dir ebenfalls Kuchen essen. Es gibt auch solch eine enorme verbale Diskrepanz bei den Müttern: Da heißt es, das Kind würde nur die besten Freunde einladen. Aber schwupp, sind es 20. Wobei man dann schnell mitbekommt, daß es häufig die Kinder von den Bekannten der Eltern sind. Und da klappt das Miteinanderspielen sowieso nur selten.

Wir versuchen, uns bei einem Geburtstag auf das Kind einzustellen, möglichst ohne hektisch zu werden. Natürlich mit dem Lieblingsessen und Blumen um den Teller und so weiter. Und wir lassen den normalen Tagesrhythmus ausfallen, machen etwas Besonderes, gehen in den Zoo, fahren alle Rad oder gehen in die Berge. Als unser Ältester zum sechsten Geburtstag einen richtigen Schreibtisch bekam, hat er buchstäblich den ganzen Tag dort gesessen. Wir haben ihm sein Essen auf dem Schreibtisch serviert und uns drum herum gruppiert. Und er saß da und saß und konnte sich gar nicht einkriegen vor Freude. – Erst seitdem unsere Kinder in der Schule sind, haben sie Lust, andere einzuladen. Eine gute, alte Regel ist ja, daß es nur so viele Kinder sein sollen, wie das Kind alt wird. Denn diese Anzahl können sowohl die Kinder als auch die Mütter ganz gut verkraften. Das heißt halt, zum achten Geburtstag nur acht, und keineswegs 30 kleine Leute.»

Mechthild Bellmann: «Bei uns ist der Geburtstag auch mit Riten verbunden: Singen morgens am Bett und Bescherung mit Kuchen, Kerzen und Blumen. Und das Lieblingsmittagessen. So richtig schön traditionell, aber die Kinder lieben es und bestehen darauf, daß es jedes Jahr haargenauso wieder passiert. Im vergangenen Jahr, als unser Sohn 14 wurde, war ich das erste Mal an seinem Geburtstag nicht zu Hause, und die Tochter war für ein Jahr in Amerika. Also hätte mein Mann wirklich schlecht alleine singen können. Aber für Konrad war das richtig traurig. Auch mit seinen stolzen 14 Jahren.»

Lisa Behlow-Hasenklever, deren Sohn fünf Jahre alt wurde: «Wir haben den Grundsatz: Nur so viel Kinder einzuladen, wie Olaf alt wird. Als Mutter kann man das ja steuern, ohne daß sie das als Reglement merken. Und es läuft fabelhaft. Wenn ich daran denke, welchen Horror andere Mütter immer haben oder es wenigstens sagen, dann wundert es mich, wieso sie diese Mammutfeste überhaupt machen. Ich vermute, daß dies ein Spruch ist, den sich einige Frauen abnötigen, weil sie halt sonst keinen Streß haben. Oder es ist viel schlechtes Gewissen dabei, bei voll Berufstätigen, das beim Geburtstag abgearbeitet werden soll.

Bei uns geht es so vor sich: Olaf und ich malen gemeinsam die Einladungskarten, backen zusammen die Kuchen, dekken zusammen den Tisch und schmücken unsere Wohnung, die ansonsten steril weiß ist, ordentlich bunt. Ich finde es wichtig, daß er das alles mitmacht. Denn ich hasse Männer, die nicht in der Lage sind, Gastlichkeit, Gemütlichkeit zu arrangieren. Und dann gibt es die klassischen Spiele: Topfschlagen, Sackhüpfen, Kartoffellaufen. Als Gewinne kaufe ich Klebebilder mit Wildtieren oder kleine Hartgummibälle. Also keinen Plastikschrott und keine Süßigkeiten. Ich finde es blöd, wenn die Kinder größere Gewinne mit nach Hause bringen, als ihre Geschenke wert sind.»

Noch einmal Mechthild Bellmann, deren Kinder schon fast erwachsen sind: «Ich hatte ziemlich schnell diese üppigen Gewinne satt. Habe dann einfach die anderen Mütter angerufen und verabredet, daß wir überhaupt keine Gewinne bei Geburtstagsspielen mehr verteilen. Das haben alle akzeptiert, waren sogar erleichtert und dankbar, daß irgend jemand mal die Initiative ergreift. Denn schon vor fast 15 Jahren nahmen die Gewinne so überhand, daß mich das nervte. Und für die paar Mark, die man nur ausgeben wollte, gibt es fast nur Plastikkram. Mein Standpunkt war: Ich gebe den Kindern meine Aufmerksamkeit, meine Ideen, meine Organisation, meine Zeit, das ist schon viel. Meiner Ansicht nach sind es nur vorgeschobene Argumente, sowohl von den Eltern als auch von den Kindern, wenn es heißt, dieses oder jenes machen doch alle, also müssen wir es auch machen. Den Satz kann ich sowieso nicht leiden. Und den Kindern, die man doch zu Individuen erziehen will, sollte man ihn niemals durchgehen lassen. – Toll fand ich, daß eine Mutter, die das sehr gut kann, immer mit den Kindern etwas gebastelt hat. Bilderrahmen und Töpfereien und so weiter. Wirklich schöne Sachen. Und weil der Geburtstag ihres Sohnes kurz vor Weihnachten liegt, haben unsere Kinder dort oft ihre Weihnachtsgeschenke für uns Eltern gemacht. Und waren absolut glücklich.»

Die Gewinne werden groß und größer, aber auch die Geschenke. Magdalena Belmonte: «Irgendwann waren zwei meiner Söhne mal bei Bekannten eingeladen, die irrsinnig reich sind und wo auch die Kinder einfach alles haben. Da war mir der Spaß von vornherein vergangen: Hatte weder Lust, nachzudenken über ein Geschenk, noch Geld auszugeben. Also haben wir dem Geburtstagskind einen Papierhut gebastelt. Und unser zweiter Sohn, Amadeus, der sehr liebevoll und einfühlsam ist, suchte ihm eine klitzekleine Eisenbahn aus Holz aus den eigenen Beständen aus. Zu meinem Erstaunen hat sich das völlig mit Geschenken überhäufte Kind wirklich über die zwei Winzigkeiten gefreut. Und sich zum Schluß extra noch einmal bedankt. Sie stachen auch hervor neben den Üppigkeiten. Und die Botschaft, daß wir ihn alle drei sehr mögen, war angekommen. Wir drei waren reichlich stolz, es richtig getroffen zu haben.»

Leon Barthes, 14 Jahre: «Wir basteln zu Hause viel. Ich flicke auch meine Jeans selbst. Zum 40. Geburtstag von unserem Vater haben wir ihm 40 verschiedene Gipsköpfe modelliert. Toll! Aber für Geburtstagseinladungen bastel ich nur, wenn es ein enger Freund ist. Sonst wird was gekauft. Mein bester Freund hat mir mal ein selbstbemaltes T-Shirt geschenkt, das schön ist. Manchmal backe ich auch Kekse für die anderen und tue sie in eine Dose vom Flohmarkt, die ich bemalt habe. Oder meine Mutter, die ganz schnell nähen kann, die hat mal für meinen Freund einen Lendenschurz genäht. Oder einen Rock für die Freundinnen von meiner Schwester.»

Exkurs über den Luxus

Oscar Wilde, der Dandy und Prophet des Indirekten, verkündete: «Ich brauche nur Luxus, auf das Notwendige kann ich verzichten.» An diese Maxime halten sich auch die Trendsetter der Jetztzeit. Der Luxus und die Kunst lösten in den 80er Jahren das Thema Sex ab. Man berauscht sich in diesem «Purpur-Jahrzehnt», wie der amerikanische Schriftsteller Tom Wolfe es nennt, nicht mehr an sexuellen Orgien, man berauscht sich an der Ästhetik der Postmoderne. Einschließlich der dazu passenden Klamotten. Die Plutokratie, die öffentliche Selbstdarstellung des Reichtums, hat die Pornographie verdrängt, ist das Nonplusultra jeden Lifestyles. Und diejenigen, die diesen Luxus praktizieren, sprechen selbstverständlich nicht darüber. Diejenigen, die ihn anstreben, beten ihn an, verhöhnen ihn, beschimpfen ihn, neiden ihn, begehren ihn. Das Designerfahrrad für 15000 Mark läßt ihre Augen leuchten, der exklusiv (innen) signierte Mantel intensiviert das Körpergefühl und die Arroganz, am Handgelenk leuchten die Zweiphasenmonduhren, der mit Jahrgangsetiketten versehene Apfelsaft erhöht das exklusive Lebensgefühl.

Und just aus diesen luxusgewöhnten Einzel-Yuppies werden Ehepaare namens DINKS (Double Income No Kids). Doch nur aufgrund eines Fehlers im Verhütungscomputer (oder wegen der Torschlußpanik?) entstehen die Luxus-Geschöpfe mit Strampelhosen für mehrere hundert Mark. Und aus den Yuppies wurden gestreßte Eltern, die zwar für jede Lebenssituation einen Crashkurs zu belegen pflegten, nur bei der Erziehung meinten: das kann man von alleine. Und nun stehen sie hilflos vor so viel Anarchie und Chaos.

Was in den Gesprächen mit strapazierten Eltern immer wieder anklingt, ist einerseits die Suche, andererseits das Unvermögen, weniger konsumorientierte Formen des Lebens, des Feierns sich überhaupt auszumalen. Da fehlt es an Phantasie, an Ideen, an Maßstäben, da wird Luxus immer noch mit schlichtem Geldausgeben gleichgesetzt. Und nicht mit einer besonderen Qualität der Lebensinszenierung. Eng verknüpft mit diesem Thema ist das Problem der eigenen Freizeitgestaltung, die Suche nach dem Sinn von Muße, nach der sinn-vollen Ausgestaltung der leeren, der freien Zeit. Denn das von kommunistischen wie kapitalistischen Utopisten erträumte Paradies scheint nicht mehr fern zu sein: die Abschaffung der Arbeit durch die Arbeit. Hat sich doch die Arbeitszeit auf rund ein Drittel der Lebenszeit reduziert. Was zu einer polarisierenden Situation führt: Diejenigen, die unfreiwillig ohne Arbeit sind, haben nur höchst begrenzte Möglichkeiten, sich diese Freizeit angenehm zu gestalten, weil die Teilnahme an gesellschaftlich akzeptierten Freizeitvergnügungen ständig kostspieliger wird. Und diejenigen, die Arbeit haben, leiden unter vermeintlicher oder tatsächlicher Zeitknappheit. Analog zur eigenen Arbeitsintensität pressen sie ruhelos in ihre freie Zeit gleich mehrere, zeitgleich laufende Aktivitäten. Nicht um intensiver zu erleben, sondern um ein Mehr an Erlebnissen abzuhaken. Auch wenn dieser Zustand keineswegs als genußvoll beschrieben wird. Freizeit wird zu einem «knappen Rohstoff» für die einen, zu einem quälenden Zustand für die anderen.

Was tun mit all der freien Zeit? In seinem Buch «Die Heimkehr zum Luxus» (1989) sagt Christian Graf von Krockow provozierend: «Diese Gesellschaft kennt kaum vom Hörensagen die höheren und sinnvolleren Tätigkeiten, um deretwillen die Befreiung [von der Arbeit] sich lohnen würde.» Seine Alternative: «Wir müssen heimkehren zum Luxus, zu einer Kultivierung der Muße.» Und damit meint er keineswegs den billigen, den mit Geld gekauften Luxus reizarmer Konsumartikel oder vorgefertigter Pauschalreisen, er spricht vielmehr von einer gleichsam dandyhaften Überhöhung des gesellschaftlichen Lebens, wie sie im 18. und 19. Jahrhundert von einigen wenigen Privilegierten inszeniert wurde. Dazu gehört eine Schärfung der Sinne, eine Kultivierung des Erotischen mit allen Facetten des Werbens und des Widerstandes, eine Renaissance des Salons mit dem Spiel im Mittelpunkt als dem Überflüssigen par excellence. Eine Kultivierung der Geselligkeit bedeutet nicht die Ausweitung von Prestigeeinladungen und Geschäftsessen, von Zwangsgeselligkeit, sondern das besondere Feiern, das Feiern im Clan, in der Großfamilie, in tschechowschem Zuschnitt, das gemeinsame Essen, bei dem viel Zeit und die absolute Zweckfreiheit zusammentreffen. Zur «Kultivierung der Muße» gehört auch die Askese: «Ein Luxus der Askese ließe sich als Distanzierung von den groben und subtilen Zwängen des Daseins vielfältig vorstellen; der Widerstand gegen die Lockungen und Drohungen des Konsums würde dabei nur eine Dimension unter anderen bezeichnen» (S. 65).

Eine Vertiefung der je individuellen Lebenserfahrungen und somit eine Kultivierung besonderer Art könnte durch ein Bündnis zwischen den Alten und Jungen, zwischen den Großeltern und Enkeln zustandekommen. Beide Gruppierungen stehen außerhalb der Arbeitswelt, jenseits von Fragen der Macht, des Einflusses und der Konkurrenz. Und das für immer länger dauernde Phasen ihres Lebens. «Im Generationsbündnis, in einer Entdeckerfreude der Jungen gleichsam nach rückwärts auf das, was einmal war, und damit in der Ermutigung der Alten könnte das Erinnern und Bewahren, eine Beheimatung im Menschlichen gelingen, nach dem Motto: Was bleibt, stiften die Großeltern» (S. 73).

Krockows Neudefinition von Luxus scheint mir nicht wenige Prinzipien einer Erziehung für ein Leben im Jahr 2010 zu enthalten: nämlich die Forderung, jenseits des billigen, schnellen, immer reiz-ärmer werdenden Konsums, den Luxus als «Kultivierung der Muße» voranzutreiben und zu goutieren.

7 Ferien: Möglichst weit und weg

Reisen: früher ein Privileg von wenigen, heute im Zeichen des Massentourismus das erste Ziel auf der Wunschliste der Wohlstandsgesellschaft: weit und weg.

Annette Behlow, Jahrgang 1925: «Wir wohnten mitten im tiefen Wald auf einem Land- und Forstbesitz. Völlig abgeschieden. Unsere Eltern sind damals schon gereist, nach Finnland und Schweden, in den Bayerischen Wald. Wir sieben Kinder nur Weihnachten zu den Großeltern, die aber ein himmlisches Schloß hatten. Aber das Tollste war, daß unsere Großmutter mit uns immer in eine Konditorei ging. Außerdem gab es bei ihr Bonbons, die wir zu Hause nie kriegten, denn unser Vater hatte bereits in den 20er und 30er Jahren sehr moderne Ansichten über Ernährung. Er verwandte auch keinen Kunstdünger auf den Feldern. Ein einziges Mal waren wir alle an der Nordsee. Als wir dann aufs Internat kamen, weil es halt keine Schulen in der Nähe gab, da wollten wir in den Ferien sowieso nur nach Hause. Und dann, als ich selbständiger war, begann der Krieg, und ans Reisen war nicht mehr zu denken.»

Lisa Behlow-Hasenklever, ihre Tochter, Jahrgang 1952: «In meiner Kindheit sind unsere Eltern immer allein verreist, und wir Kinder waren bei den Großeltern auf dem Land oder bei Verwandten. Das war auch toll. Aber irgendwann haben wir auch angefangen zu fragen, warum wir nicht alle zusammen verreisen wie die meisten Familien. Das Argument der Eltern war, daß uns ja ihre Art von Ferien – Kunst anzusehen – nicht interessiere und wir dafür zu jung seien und viel mehr davon hätten, mit den Cousinen und Vettern gemeinsam etwas zu unternehmen. Was auch stimmte. Die Eltern wollten sich auch von uns erholen. Da die Familie sich sowieso das ganze Jahr über sah, im Alltagsstreß, wollten sie mal für sich sein, ohne uns vier. Was ich heute gut verstehen kann.»

Gisela Westmeyer, Jahrgang 1940: «Ich war ja ein von einer riesigen Familie sehr verwöhntes Einzelkind. Meine Mutter reiste mit mir schon 1949 in die Berchtesgadener Alpen, das war damals absolut ungewöhnlich. Und 1961 war ich allein in Rußland. Total exzentrisch! Wie eine Reise auf den Mars! Meine Mutter war entsetzt, weil sie ihren ersten Mann in Rußland verloren hatte, hat es aber trotzdem erlaubt und sogar bezahlt. Wenn ich solche Ängste gehabt hätte, wie sie sie zweifellos hatte, würde ich das meinen Kindern nicht bezahlen. Dann würde ich sagen: Organisiert euch das Geld selbst.»

Oliver Belmonte, Jahrgang 1945, der mitten im Wald aufwuchs: «Wir sind schon erstaunlich früh relativ viel verreist. 1954, als ich neun war, kauften sich unsere Eltern das erste Auto, einen Opel Olympia, und von dem Zeitpunkt an fuhren wir in allen Sommerferien irgendwohin. An die Adria, an den Wörthersee, an die Nord- oder Ostsee, auch einmal nach Bad Segeberg zu den Karl-May-Festspielen. Meistens mit unserer Großmutter oder irgendeiner Verwandten, weil meine Mutter sonst mit fünf Kindern überlastet gewesen wäre. Später bin ich alleine durch England getrampt, habe Studienreisen machen dürfen oder bin zum Tierfotografieren unterwegs gewesen.»

Mechthild Bellmann, Jahrgang 1944: «Reisen? Das gab es kaum. Natürlich fast nie für unsere Eltern, weil sie Landwirte waren. Wir Kinder fuhren höchstens zu Verwandten nach Köln oder an die Mosel, nie alleine. Wir wurden immer hingebracht.»

Felicitas Mantau, Jahrgang 1954: «Wir lebten in Bayern und sind in den Ferien nur zu unserem Großvater gefahren, an den Chiemsee. Es war wunderschön, weil die Nachbarskinder so nett waren. Das war eine richtige Bande, wir waren den ganzen Tag unterwegs. Ich glaube, daß ich dreimal mit den Eltern zum Skilaufen war. Höchstens. Mein Mann, der aus einem sehr vermögenden Elternhaus kommt, aber in den meisten Dingen, beim Essen und bei der Kleidung extrem kurzgehalten wurde, ist damals schon öfter mit den Eltern und den sechs Geschwistern verreist. Richtig ins Hotel. Das war etwas Besonderes.»

Klaus Brosinger, Jahrgang 1947: «Meine Eltern waren beide Ärzte. Aber in meiner Kinderzeit haben sie noch keineswegs so viel verdient, wie das heute üblich ist. Bis ich 15 Jahre alt war, sind wir zu siebt immer in das Ferienhaus von Bekannten nach Österreich an einen See gefahren. Sonst habe ich mit einer Jugendgruppe die nähere Umgebung erkundet.»

Sabina Morowits, Jahrgang 1955: «Meine Eltern sind früher häufig verreist. Aber immer ohne uns. Wir waren in der Zeit bei unserer Großmutter, die auf dem Land wohnte. Meistens die ganzen sechs Wochen. Toll für uns Stadtkinder. In den kleinen Ferien waren wir immer zu Hause und haben das genossen. Als ich zehn Jahre alt war, durfte ich erstmals mit den Eltern nach Österreich. Da fühlte ich mich enorm ernst genommen. Später kamen dann natürlich Sprachreisen nach England und Frankreich dazu, und nach dem Abitur gings nach Amerika zu einer Tante.»

Louise Haug, Jahrgang 1953, ihr Vater ist Fabrikant: «Wir sind mit den Eltern regelmäßig an den Bodensee gefahren, in ein Familienhotel. Als ich 15 war, kauften sich unsere Großeltern ein Haus in Griechenland, wohin wir dann immer fuhren. Und von der Zeit an durften wir auch in den kleinen Ferien wegfahren, zu Verwandten. – Bei uns ging es ziemlich spartanisch zu, nur unsere Großeltern haben uns verwöhnen dürfen. Sie nahmen schon früher immer mal ein Enkelkind mit zu Besichtigungsfahrten nach Holland, England oder in die Schweiz. Ich finde das ein gutes Prinzip, gerade bei vielen Kindern: daß eines mal herausgehoben wird aus der Geschwisterschar und etwas Besonderes bekommt, um mal eine Zeitlang die Hauptperson zu sein und nicht immer alles, auch die Eltern und die Großeltern, mit den anderen teilen zu müssen.»

Anna Alphedam, Jahrgang 1953: «Wir fuhren fast immer zu unseren Großeltern nach Bayern. Dort hatten sie ein großes Haus mit riesigem Garten an einem Bach, und hinter dem Zaun lag die Eisenbahn, dreimal am Tag fuhr ein Zug vorbei. Es war immer ein großer Spaß, den ankommenden und abfahrenden Gästen zuzuwinken. Manchmal warfen sie Schokolade aus dem Fenster. Wir haben die Ferien genossen, außerdem waren immer etliche Cousinen und Cousins ebenfalls dort. Die hätten wir ja sonst nie sehen können, denn kein anderes Haus war so groß, daß wir alle Platz gehabt hätten. Einmal waren 13 Enkel beisammen. Unser Großvater ließ uns auch ein kleines Holz-Kinderhaus in den Garten bauen, wo immer mal zwei Mutige schlafen durften. Meist kamen die aber nachts doch wieder herein. Und wir haben toll gespielt: Staudämme im Bach gebaut und so weiter, mußten auch oft Beeren pflücken, was uns natürlich nicht begeisterte, aber wenn wir erst einmal dabei waren und alle Erwachsenen mitmachten, gab es viel Spaß. Oder Gras harken. Beliebt war, Quecken aus dem Rasen herauszustechen, weil wir pro Pflanze, glaube ich, einen Pfennig bekamen. Und schick fand ich, daß wir uns abends alle umziehen mußten. Beziehungsweise wir Kinder zogen uns erst richtig an, nachdem wir den ganzen Tag nur im Badeanzug herumgelaufen waren. – Für uns war es himmlisch, für unsere Mütter natürlich Streß, weil sie fast genausoviel Arbeit hatten wie zu Hause. – In den kleinen Ferien fuhren wir zu unserer anderen Großmutter, meist nur eine Schwester und ich. Da war es dann ungeheuer gemütlich und intim, gerade im Gegensatz zu den Sommerferien mit dem Verwandtenansturm. Oder wir waren bei den Paten eingeladen, die gleichaltrige Kinder hatten. Ich liebte meine Paten, weil sie mir sozusagen exklusiv gehörten, weil ich sie nicht teilen mußte mit den Geschwistern. Ein Balsam für die Seele, mal eine Woche nicht nur eine unter vieren zu sein! Gerade diese Reisen haben mein Weltbild sehr geprägt, die Themen, die in den anderen Familien wichtig waren. Bei den einen war es die Kunst, bei den anderen Landwirtschaft. Ich erfuhr so eine richtige Horizonterweiterung, die ich wohl nicht so intensiv mitbekommen hätte, wenn ich im Familienverband gereist wäre. Da wurde auch nie Programm gemacht, ich wurde in den Alltag integriert und war glücklich dabei, fühlte mich ernst genommen. Vielleicht gingen wir mal extra ins Theater oder einmal zum Essen, aber mehr nicht.»

Fast kein Kind der gutverdienenden Mittelschicht bleibt heute auch nur in den kleinen Ferien zu Hause. Und wenn, dann ist es für die Mütter ein Alptraum, wissen die Kids doch meistens mit sich selbst wenig anzufangen. Sind sie Stadtkinder, mangelt es an Spielmöglichkeiten im Freien. In Großstädten werden zwar Kurse und Aktionen in den Museen und von Jugendorganisationen angeboten, doch werden sie nur von einer Minderheit angenommen.

Einige Zahlen, die das Ausmaß des heutigen Reisebooms deutlich machen: 1988 sind weltweit 390 Millionen Menschen mindestens fünf Tage verreist gewesen. Und es wurden in der Tourismusbranche 3,6 Billionen Mark umgesetzt, was sie zum größten Industriezweig und Arbeitgeber der Welt macht, mit ca. 100 Millionen Beschäftigten (so eine Studie von American Express in: *Natur*, 3, 1990, S. 52). – 1988 unternahmen allein die westdeutschen Bundesbürger 83,9 Millionen privater Reisen mit mehr als einer Übernachtung. Und: fast 65 Prozent der Bundesbürger waren länger als fünf Tage unterwegs, fast 14 Prozent machten mehrere Reisen (Ludwig 1990, S. 40). Soweit vorhanden, werden die Kinder meist mitgenommen.

Wozu das führen kann, zeigt ein krasser, aber dennoch nicht ganz untypischer Fall. Eine Zehnjährige, deren Eltern Lehrer sind, war in ihren Sommerferien gleich in drei verschiedenen Ländern: Nach Finnland fuhr sie für eine Woche mit ihrer Freundin und deren Familie, mußte jedoch rasch wieder nach Hause kommen (mit einem Extrarückflug), weil die gesamte eigene Familie die in Mexiko lebenden Großeltern besuchen wollte. Doch durfte die Mexikoreise nicht länger als drei Wochen dauern, weil sie noch nach Südfrankreich mußten, um in ihrem Ferienhaus nach dem Rechten zu sehen, wie argumentiert wurde. So kommt es zu der bizarren Situation, daß ein kleines Mädchen von einem Ferienort zum nächsten jettet, obwohl sie wissen läßt, wie gerne sie eigentlich einmal zu Hause bleiben würde.

Für die alleinreisenden Jet-Kinder bieten Fluggesellschaften bereits Spezial-Serviceleistungen an. Die Kinder werden betreut und versorgt mit Spielzeug, einem Logbuch für ihre Luftkilometer (besonders wichtig, da kann man so schön objektiv vergleichen, wie wenig der Schulnachbar gereist ist!), mit Videos und Clips. 40000 mal wurden diese Dienstleistungen im Jahr 1989 in Anspruch genommen. Zunehmend werden Camp- und Ferienaufenthalte für Kinder ohne die lästigen Eltern angeboten (was es in Amerika wegen der monatelangen Sommerferien schon immer gab). Für 60 Mark pro Tag kann man sein Kind auch im ersten speziellen Kinderhotel abgeben. Dies hat sich passenderweise in Bonn etabliert: zur Entlastung der vielen Väter und Mütter, die ständig auf Dienstreisen unterwegs sind.

Ein anderes Extrem, diesmal eine Zweipersonenfamilie. Die Mutter ist eine international bekannte Schauspielerin. Ihr neunjähriger Sohn wird in seinen Sommerferien zu ihr nach Paris gebracht, gemeinsam fliegen sie nach Marokko, um sich anschließend in Griechenland von Marokko zu erholen. Nach Schulbeginn gefragt, was er denn seinen Klassenkameraden erzählt habe, kommt die traurige, ein wenig resignierte Antwort: «Ich habe gesagt, daß ich gar nicht verreist war, weil mir das alles niemand geglaubt hätte. Außerdem hätten die anderen es doof gefunden.» Tiefstapeln, um Sanktionen seiner Peer-group zu entgehen. Doch spricht das keineswegs nur gegen die Peer-group.

Eine andere Variante: Nadine Karl, 25, deren Tochter vier ist, erzählt: «Wissen Sie, unsere Tochter liebt es zu verreisen. Da ist sie ganz wild drauf. Und das Fliegen findet sie toll. Ich denke, daß sie durch unsere häufigen Reisen ein bißchen kosmopolitisch wird. Sie fängt jetzt schon mit einigen Brocken Englisch an.» – «Und wo waren Sie im vergangenen Jahr?» – «Mein Gott – ich glaube in den USA und auf Mauritius. Wie peinlich, ich kann mich wirklich nicht erinnern. Dann waren wir noch zum Skiurlaub in Österreich oder in der Schweiz, in Spanien wohl auch. Oder war das vor zwei Jahren? Wissen Sie, das geht immer so schnell. Wir entscheiden uns von einem Tag zum anderen, nehmen einfach ein *open ticket* und ziehen los. Deswegen habe ich es im Moment wirklich nicht parat, wo wir überall waren. Kann sein, auch noch in Mallorca. In den USA glaube ich bestimmt. Aber ich weiß es tatsächlich nicht genau. Tut mir leid, daß ich Ihnen da nicht weiterhelfen kann.» – Dies ist keine Persiflage, sondern eine Illustration der absoluten Bedeutungslosigkeit, wohin die Reise führt.

Zu ähnlichen Ergebnissen kommt eine soziologische Untersuchung aus dem Jahr 1989: Anita Orlovius hat insgesamt 872 Aufsätze jugendlicher Reisender im Alter von 12 bis 25 Jahren ausgewertet. Jugendliche beschreiben es als negativ, daß der Reiz der Fremde, das Überraschungsmoment immer schneller verlorengeht: «Das Fatale ist, daß mit jedem Erleben des ersten Mals die Vergleichsgrundlage des Reisenden immer breiter und umfassender wird, Neues sich immer weniger von Bekanntem abhebt... Fremdes immer weniger wird. Der Spannungsbogen des Erlebens der Fremde muß demzufolge immer weiter gespannt werden, um die Spannung zu erhalten und die Intensität des Erlebens zu sichern... Orte sind dabei austauschbar, die verschiedenen Namen sind lediglich Kurzformeln für die Tatsache der Fremde» (S. 280ff.).

Exkurs über die Geschichte des Reisens

«Alle Welt reist. So gewiß in alten Tagen eine Wetterunterhaltung war, so gewiß ist jetzt eine Reiseunterhaltung... Viele Menschen betrachten elf Monate des Jahres nur als eine Vorbereitung auf den zwölften, als eine Leiter, die auf die Höhe des Daseins führt. Um dieses Zwölftel willens wird gelebt, für dieses Zwölftel wird gedacht und gedarbt... elf Monate muß man leben, den zwölften will man leben. Jede Prosaexistenz sehnt sich danach, alljährlich einmal in poetischer Blüte zu stehen.» Dies schrieb kein Geringerer als Theodor Fontane. Und wann? Im Jahr 1873!

Um 1780 wurde der Begriff Tourist geprägt, und die Zeit des Alpinismus brach mit der Erstbesteigung des Montblanc im Jahr 1786 an. 1845 gründete Thomas Cook das erste Reisebüro.

Zu einem Massenphänomen wurde das Reisen bei den

Nationalsozialisten, deren Organisation «Kraft durch Freude» Millionen die Gelegenheit gab, etwas von der Welt zu sehen (Ludwig, 1990). Die völlige Demokratisierung des Reisens setzte in den 60er Jahren ein, als branchenfremde Veranstalter (Neckermann, ADAC, Quelle) mit sagenhaft günstigen Angeboten in billig gebaute Hotels nach Spanien einluden. Die Massen folgten dieser Aufforderung, die Reicheren gingen in andere, in exklusive Gettos. Man nennt sie Clubs, diese begrenzten Terrains, wo alles zu haben ist: Sport und Geselligkeit, Essen und Sex, Kontakt und Distanz. Für diese Art des Reisens gelten die Verse von Eugen Roth (1895–1976): «Wie heut bequem das Reisen ist:

Du wirst verschickt wie ein Paket
Und brauchst nur, statt was zu erleben,
Ganz einfach – selbst dich aufzugeben.»

Immer wird im Urlaub das Paradies gesucht, immer ist er eine Kurzzeit-Insel im normalverrückten, normalentfremdeten Alltag einer immer unmenschlicher werdenden Umwelt. Urlaub vom «eigenen Ich» will man machen und erfährt doch nur sich selbst, keineswegs sein besseres Ich, höchst selten seine verschütteten Lebensmöglichkeiten. Die Mitmenschen im Urlaub erfahren und offenbaren öfter das schlechtere Ich. Frei nach dem Motto: Da ich den Urlaub bezahlt habe, kann ich mich so benehmen, wie ich will. Die letzten Ersparnisse werden auf den Kopf gehauen, die Ansprüche in die Höhe geschraubt, um endlich einmal über seine Verhältnisse zu leben, das kalkulierte Risiko wird gesucht, was sich jedoch nicht selten darin erschöpft, die *Bildzeitung* oder den *Spiegel* nicht im heimischen Wohnzimmer, sondern am Strand zu lesen und Spaghetti Bolognese einmal nicht beim Italiener daheim an der Ecke zu essen, um festzustellen, daß die daheim wesentlich italienischer schmecken als vom Koch in Venedig. Kein Wunder, hat doch der massenhafte Tourismus (eine halbe Milliarde

Übernachtungen im Jahr am Mittelmeer, 300 Millionen in den Alpen!) die Fremde zu einer wohlvertrauten Einheitskulisse werden lassen: Ein bißchen exotisch, aber bitte nicht zuviel.

Denn da, wo Touristen einfallen (zunächst die Rucksackfreaks, wenig später die Clubexklusiven, danach die Massen), sieht es immer «ähnlicher» aus, einschließlich der Airport-Souvenirs rund um den Erdball. Andererseits schätzen «Bildungsbürger», die sich selbst laut und vernehmlich als «Nicht-Tourist» deklarieren, die Differenzierung. Und die hat ein Freizeitforscher aus Hamburg, Prof. Horst W. Opaschowski (1983), vorgenommen und den Tourismus in neun Varianten beschrieben.

Als erste nennt er die «Streß-Urlauber» mit Hektik als Lebenselixier. Das Leistungsprinzip treibt sie voran, der Stau wird goutiert, die Kilometer werden gefressen, und am Zielort gibt es eh nur wieder Disco und Shopping. «Der Grundsatz jeder richtigen Reise ist: es muß was los sein – und du mußt etwas vorhaben. Sonst ist die Reise keine Reise. Durcheile die fremden Städte und Dörfer – wenn dir die Zunge nicht heraushängt, hast du falsch disponiert», so heißt es bereits bei Kurt Tucholsky, geschrieben 1929. Und zum Schluß zeugt das «Holiday-Syndrom», welches bei der Mehrzahl der Reisenden auftritt und sich in Erschöpfung, Schlafstörungen, Magen-Darm-Erkrankungen und diffusen Angstsymptomen darstellt, von der «heraushängenden Zunge» und somit von der gelungenen Aktion. Aber zum Glück ist das alles bis zum nächsten Jahr wieder vergessen.

Eine Jugendvariante sind die Interrail-Reisen, das Zugfahren an sich. Es entspricht vielleicht am meisten den 1988 vom BAT-Forschungsinstitut erfragten Wünschen. Danach suchen Jugendliche in erster Linie viel Sonne, es folgt der Wunsch nach «Spaß und Unterhaltung» (69 Prozent), «Abwechslung» (63 Prozent), «Tapetenwechsel» (60 Prozent) und nach «Kontakten» (52 Prozent). Obwohl sie zwar viel von der Natur reden, suchen nur 13 Prozent von ihnen die Natur auf ihren Fahrten. Bis auf das Sonnenbedürfnis können alle Wünsche beim Interrailen erfüllt werden. Phantastisch dieses Angebot, für relativ wenig Geld in ganz Europa herumfahren zu können, auch wenn es zu Hochleistungen animiert. Da schlägt die deutsche Buffetmentalität durch: Hat man etwas frei (hier die Länge der Route), muß es exzessiv genutzt werden. Deswegen bleibt man am besten nur so lange an einem Ort, bis der nächste Zug startet. Eine Postkarte zur Dokumentation: heute Südspanien, morgen Paris, übermorgen Mailand, Griechenland schaffen wir in drei Tagen, zurück geht's über Bordeaux und den Lago Maggiore, Budapest und München. Nur bitte nicht aussteigen, der Zug fährt gleich weiter.

Was kann bei solch einer Reise herauskommen? Man kann erstens die Väter im Kilometerfressen übertrumpfen. Diese Strecken schafft keiner der Alten mit dem Auto! Zweitens wird durch das Zugfenster das Erlebnis von Landschaften, von vorbeiziehenden Städten auf das Maß eines größeren Fernsehschirms reduziert – ein probates Mittel, um keine Fremdheit aufkommen zu lassen. Das Zugfenster erlaubt eine ähnliche Distanz, einen ähnlichen Blickwinkel auf die vorübergleitende Welt, ohne sinnliches Be-Greifen, Fühlen, Schmecken, Hören, wie beim Fernsehen zu Hause. Und man kann, ebenso wie zu Hause, in der ersten Reihe sitzen und Cola trinken. Konsequent wird der Kontakt zur Außenwelt vermieden, zu Einheimischen, denn die Peergroup der Mitfahrer ist ihnen allemal wichtiger. Und sie merken noch nicht einmal, wie sehr sie den als spießig verschrieenen erwachsenen Touristen gleichen.

Eine andere von Horst Opaschowski beschriebene Variante: die «Tortur-Tour»: Biwak, Drachenfliegen, Safari, Helikopter-Ski, Walfang oder Goldschürfen. Hauptsache exklusive Grenzerfahrungen, der Marlboro-Typ ist gefragt und donnert mit seinem Jeep vorzugsweise durch wilde, unberührte Natur. Der «Ritual-Urlaub» gaukelt die Illusion vor, in den Palmblatthütten im polynesischen Stil auch polynesisches Leben zu erfahren. Aber schon der französische Maler Paul Gauguin, der 1890 nach Tahiti ging, gestand um 1900, von dem paradiesischen Leben der Eingeborenen nur letzte Spuren entdeckt zu haben. Was ihn nicht davon abhielt, in seinen Bildern eine paradiesische Südsee zu beschwören.

Der «Alternativ-Urlaub», besonders für junge Leute, gibt sich antitouristisch, verdreckt aber nicht weniger die Strände, beutet nicht weniger die Arbeitskraft der Einheimischen aus, ist nur scheinbar originell.

Der «Kreativ-Urlaub» führt zum Aquarellieren in die Toskana, zum Kochkurs nach Hongkong, zum Reiten nach Ungarn. Doch keineswegs immer zu einem aktiven Leben danach, daheim, überhaupt. Hauptsache, ein Zertifikat wird erworben und Langeweile kommt gar nicht erst auf.

Ebenso beim «Psycho-Urlaub», dem Workshop nicht vom Ich weg, vielmehr ins Ich hinein. Die Erleuchtung mag anhalten oder nicht, wenigstens die Singles sind da weniger single als anderswo.

Und dann natürlich die klassische «Bildungsreise», anstrengend und inhaltsschwer, doch auch erhebend, besonders wegen der massenhaft produzierten Abwertung derjenigen, die keine Kirchen besichtigen. Das erhöht so schön!

Nicht zu vergessen der getrenntgeschlechtliche Urlaub: Männer jetten im «Bumsbomber» nach Bangkok. Feministische Frauen schwärmen eher zur Tiefenerkundung ihrer selbst oder ihrer Schwestern in den Harem, wahlweise in die Beduinendörfer aus, dorthin, wo die Menschen so arm sind, daß sie zahlende Zuschauer und Zuschauerinnen ihres dürftigen Lebens dulden müssen. Aber das gilt für alle Ausflüge, denn Urlaubsreisen sind immer Luxusreisen. Europäer können in der verkommensten Strohhütte oder unter freiem Himmel übernachten, es ist ein Luxuserlebnis, denn es besteht nur für eine freiwillig begrenzte Zeit.

Die vorerst letzte Variante ist der «Öko-Urlaub», das Öko-Wandern, die sanfte Tour à la nature. Dies gilt als der Tourismus der Zukunft, der umwelt- und sozialverträglich ist. Die Steigerung davon ist der Urlaub zu Hause.

Denn wahr ist allemal und überall: die Touristen vermüllen, zertrampeln die Welt. Die Alpen sind von jährlich 100 Millionen Skifahrern gequält (die fast alle mit Autos anreisen), die Strände des Mittelmeeres werden immer unhygienischer. Dabei werden gerade die ärmsten Länder immer ärmer, denn die Devisen sahnen internationale Reise-Multis ab. Auch das Wasser wird in Dritte-Welt-Ländern durch die Touristen immer knapper. Werden doch für einen einzigen Fremden 600 Liter pro Tag verbraucht – für den Swimmingpool, das ewige Duschen, die Gartenpflege. Wohingegen die Armen gleich nebenan für einen Liter Trinkwasser Schlange stehen müssen, während ihre Felder vertrocknen. Allmählich regt sich Widerstand: Auf Korsika wurden Nudisten gefesselt, ihre Bungalows in die Luft gesprengt. In Goa, dem indischen Urlauber-Paradies, versuchen Bürgerinitiativen mit politischen und juristischen Mitteln gegen die umfassende Zerstörung ihres Landes durch den Tourismus vorzugehen.

Problematisch ist nämlich auch die moralische Wirkung auf die einheimischen Jugendlichen. Lernen sie doch durch Anschauung, weiße Hautfarbe gleichzusetzen mit reich und faul, meist reichlich nackt und promiskuitiv: «Tourismus ist wie Gift – an einer Überdosis stirbt man.» In seinem Essay mit dem Titel «Der Einfall touristischer Horden führt zur Ausrottung des Schönen» schreibt André Heller: «Das freie Reisen gehört zwar zu den großen Errungenschaften der

Demokratie, aber die demokratischen Grundrechte verlieren ihre Priorität, wo sie zur Zuhälterei des Weltuntergangs ausarten. Ebensowenig wie ein Rosenstrauch von der Schöpfung dafür eingerichtet wurde, einer rabiaten Heuschreckenplage als Kost und Quartier zu dienen, wurden die Kontinente und Meere von ihrer ökologischen und soziologischen Statik zur Bedürfnisanstalt für die grölende Ausflugsnotdurft einer Menschheit geschaffen, deren philosophisches Idol seit langem der Elefant im Porzellanladen ist.» Und er plädiert, nicht ausschließlich ironisch, für ein Tourismusland, ausgestattet mit Repliken aller Sehenswürdigkeiten, einschließlich der Niagarafälle und Zisterzienserklöster. Der Rest der Welt dürfe nur mit einem Reisezertifikat aufgrund der perfekten Beherrschung der Sprache und einem umfangreichen Landeswissen bereist werden.

Nur wenige Eltern bedenken bei ihren Fernreisen, welche Wirkung Armut auf ihre Kinder ausüben kann. Was lernen sie aus dieser Perspektive der Reicheren? Die Begeisterung für fremde Länder und ihre Bewohner führt keineswegs automatisch zu einem größeren Verständnis, geschweige denn zur Fremdenfreundlichkeit im eigenen Land, in der eigenen Umgebung. Von grenzen-loser Toleranz kann auch nach Millionen von Auslandsreisen keineswegs die Rede sein. Die Soziologin Anita Orlovius bezweifelt, daß Jugendliche von der erlebten Gastfreundschaft etwas zu Hause selbst zu verwirklichen vermögen: «Die erfahrene Gastfreundschaft ist beeindruckend – sie wird im Bild des ‹wahren Menschseins› festgehalten. Übersehen wird jedoch, daß hierin die bestechende Einseitigkeit des Gebens ohne Gegenleistung herausgerückt wird... Im Alltagsleben der deutschen Jugendlichen müßte das Gastgeben erst einmal wieder eingeübt werden. In diesem Sinne läßt die Fremde Eigenschaften einer uns fremd gewordenen Vergangenheit vergegenwärtigen, die durch Industrialisierung und Technologisierung überformt wurde» (S. 283).

Zurück zu den tatsächlich erlebten Ferien, wie sie von Eltern und Kindern geschildert werden. Meine Interviews bestätigen, daß Kinder nicht nur bei Luxusreisen glücklich sind, denn was sie brauchen, sind Freiheit und Raum, sich (gefahrlos) auszutoben, ist Kontakt zu Gleichaltrigen, sind Wasser, Strand und Spielmöglichkeiten. Interessant war, wie die Eltern mit kulturellen Angeboten umgehen und wie ihre Kinder darauf reagieren.

Mechthild und Jan Bellmann leben in einem eleganten Stadthaus, zentral, aber grün. Er ist Immobilienmakler, wohlhabend. Sie haben etwas zustandegebracht, was heute in der Mittelschicht als eine Rarität gelten kann: nämlich sieben Jahre lang die Sommerferien an der Schlei an der Schleswig-holsteinischen Ostseeküste zu verbringen, immer im selben winzigen, gemieteten Haus. Und das nicht mehr als zwei Autostunden vom eigenen Haus in Hamburg entfernt. Warum?

«Die Kinder haben sich dort immer so ungeheuer wohl gefühlt. Das winzige Dorf, in dem wir das Haus mieteten, ermöglichte ein einfaches und ländliches Leben. Die Dorfkinder kamen sofort und standen an der Tür und fragten: Kommt ihr spielen? Das liebten unsere Kinder besonders, weil es das in der Stadt ja fast nie gibt. Da müssen doch immer Verabredungen telefonisch getroffen werden. Und dann die vielen Möglichkeiten mit dem Wasser: schwimmen, segeln, rudern. Es war faszinierend, was sie für Spiele machten. Sie sind mit dem Boot die Schlei hinuntergerudert, zu zweit, und erzählten Geschichten vom Amazonas und machten Lagerfeuer. Sie haben gespielt mit nichts, nur in der Natur. Den ganzen Tag. Das Wetter hat sie nie gestört, sie waren bei Regen und Sturm draußen. Es war auch schön zu beobachten, wie sie nach unserer Ankunft schon nach fünf Minuten in die

Atmosphäre eintauchten und sich zurechtfanden und sich wohl fühlten. Und danach, zu Hause, erzählten sie noch monatelang, immer mal wieder, was sie entdeckt und gemacht hatten. – Als sie ungefähr zehn Jahre alt waren, da gab es mal Fragen, warum wir nicht wie andere nach Kenia oder Ibiza fahren. Wir haben dann darüber gesprochen, was sie eigentlich in den Ferien schön finden. Zum Beispiel Boot fahren, was man in Kenia so ohne weiteres nicht kann. Und daß solche Reisen nur sinnvoll wären, wenn man das Land und die Kultur kennenlernen möchte. Und daß sie daran doch eigentlich noch kein Interesse hätten. Was sie auch zugaben. Und in Kenia nur am Strand zu liegen – das wäre nichts für sie und für uns. Ich denke sowieso, daß Kinder nichts oder wenig von den Fernreisen haben. Um zufrieden zu sein, brauchen sie doch nur bestimmte Dinge, nämlich Wasser und Strand und Natur und Freiheit. Und das können sie genausogut, vielleicht sogar besser an der Schlei haben. Wir haben allerdings schon früh mit Skiferien angefangen. Und meistens auf der Hin- oder Rückreise etwas angeschaut. Salzburg oder München oder sonst eine Stadt. Aber immer nur begrenzt einen knappen Tag oder einen Nachmittag, damit sie die neuen Eindrücke auch verarbeiten konnten.»

Marie-Anne Bellmann, ihre Tochter, 17 Jahre alt: «Von meinem sechsten bis zwölften Lebensjahr waren wir im Sommer immer an der Schlei. Es war toll. Auch dieses winzige Haus, das überhaupt nicht luxuriös ist. Am tollsten waren die Spiele mit den Nachbarskindern, das Segeln und die Radtouren. Eigentlich wollten wir auch nie woandershin. Und vermißt haben wir überhaupt nichts, sondern waren wirklich glücklich, auch wenn die anderen in der Schule von weiten Reisen erzählten. Das hat uns nicht gekratzt. Später haben wir in den Herbstferien mit unserem Vater noch zwei große Radtouren gemacht, nach Celle und nach Dänemark. Und dann war ich allein zum Englischlernen in Südengland und Schottland. Und jetzt, in den beiden letzten Jahren, auch zweimal mit den Eltern auf Ibiza, im Haus von Freunden.»

Effie Bistol, deren Sohn Michael neun Jahre alt ist: «Wir fahren nie sehr weit in den Ferien. Im letzten Sommer waren wir in Schweden auf einer Insel, die Kinder waren selig. Dann kam Michael nach Hause und besuchte seinen besten Freund, der in Afrika gewesen war. Michael erzählte wohl total begeistert von seinem größten Erlebnis, nämlich einen Elch gesehen zu haben. Da sagte die Mutter seines Freundes: ‹Ach, ein Elch ist doch nichts gegen einen Löwen!› Mein Sohn kam ganz geknickt zurück. Man muß das mal bedenken, das hat eine Erwachsene gesagt und damit eine Hitliste aufgestellt: Ein Löwe ist mehr wert als ein Elch.»

«Reisen: da gibt es Leute, die durch viele Länder kommen, stets in den gleichen Hotels absteigen, dieselben Gerichte verzehren, die sie sich zu Hause vorsetzen lassen, mit denselben reichen Müßiggängern verkehren und über dieselben Gegenstände reden, die bei ihnen daheim das Tischgespräch bilden. Kommen sie wieder nach Hause, dann haben sie nur ein Gefühl: das der Erleichterung, weil das langweilige und zudem kostspielige Herumgerutsche wieder einmal überstanden ist.» So der nobelpreisgekrönte Philosoph und Mathematiker Bertrand Russell in seinem 1930 geschriebenen Buch «Eroberung des Glücks».

Gisbert Fuchs, Jahrgang 1953, ein Chemiker: «Meine Eltern, die beide Therapeuten sind, waren in den 50er Jahren unheimlich scharf aufs Reisen. Sie hatten damals einen VW-Käfer, und wir düsten durch ganz Europa. Natürlich auch, um Dinge nachzuholen, die sie wegen des Krieges nicht machen und sehen und erleben konnten. Ich bin ein Einzelkind, saß immer hinten und habe mich furchtbar gelangweilt. Habe immer noch einen Horror davor, Kirchen anzusehen oder Museen, überhaupt vor ‹hoher Kultur›. Auf diesen Reisen, da war ich acht oder so, begannen auch meine

Kopfschmerzen. Damals kriegte ich sie immer, wenn mir die Kirchen zuviel wurden. Geholfen hat oft ein Eis. Später, während des Studiums, wurden die Kopfschmerzen chronisch. Das hing mit Leistungsüberforderung zusammen. Ich durfte auch niemals ein anderes Kind mitnehmen und habe mich entsetzlich einsam gefühlt immer nur unter Erwachsenen...»

Gisela Westmeyer, deren Kinder fast erwachsen sind: «Wir sind mit unseren Kindern früher oft auf den Reisen, den Radtouren ins Museum gegangen, damit sie viele Lebensbereiche kennenlernen. Wir wollten ihnen alles zeigen, wobei man Freude empfinden kann. Daß es ihnen auch etwas bedeutet, merke ich jetzt: Unser Sohn war in England auf einer Wanderung und hat dann in London ganz gezielt in einigen Museen nach bestimmten Bildern gesucht. Das hat mich sehr froh gemacht, ich hatte es eigentlich nicht mehr erwartet. Höchstens daß sie einige Namen von Malern quasi als Pflichtübung kennen. Auch unsere Töchter sind sehr beflissen. Es hat also bei ihnen gefunkt, und sie sagen nicht: Ach, das ist doch alles Elternquatsch und Elternkultur.»

Die Tochter Judith Westmeyer, 18 Jahre: «Bei unseren Eltern hat uns oft gestört, daß sie so übertrieben haben. Mit der Musik, mit dem Üben. Gut, der Erfolg ist, daß ich jetzt zwei Instrumente spiele und eventuell auch Musik studieren will. – Und mit den Museen haben sie auch übertrieben. Ich denke, es bringt nicht viel, wenn man die Kinder mit zuviel Kunst überschüttet, wenn sie es nicht begreifen können. Besser wäre, ihnen nur einige ausgewählte Sachen zu zeigen, die dem Interesse des Kindes entsprechen. Also nicht in jedes Museum rennen! Das tue ich jetzt auch nicht, wenn ich allein reise.»

Lisa Behlow-Hasenklever, deren Sohn Olaf fünf ist: «Wie gesagt, unsere Eltern fuhren immer ohne uns, wir verbrachten die Sommerferien bei den Großeltern. Jetzt ist das anders. Wir nehmen Olaf immer mit. Natürlich geschehen die Reisen in erster Linie, weil wir Lust dazu haben. Auch die sechs Reisen, die wir 1990 gemacht haben. Ich mag es gar nicht erzählen. Das ist der totale Luxus. Aber wir richten uns dann sehr stark nach dem Kind. Reisen ist einfach sehr viel üblicher geworden, ganz allgemein. Fast alle seine Kindergartenkumpane reisen einmal im Jahr ins Ausland, dann noch einmal in die Skiferien. Positiv nehmen die Kinder, hoffentlich, mit, daß sie lernen, mit fremden Sprachen umzugehen und andere Menschen voll zu akzeptieren. Daß die Italiener genauso Menschen sind mit ihren Eigenheiten wie der Türke hier bei uns an der Ecke und wir selbst. Aber das kommt nur, wenn man es ihnen vermittelt. Nicht allein vom Reisen. Solange sie so jung sind, nehmen sie nur viel Wärme, viel Sonne, viel Wasser, viel Baguette mit, und das finde ich auch total normal für das Alter.»

Agnes Minelli, 18 Jahre alt: «Wir sind ja ziemlich verwöhnt, weil unsere Eltern geschieden sind. Und gereist bin ich schon extrem viel. Das liegt daran, weil unsere Familie ziemlich international ist. Ich war schon dreimal in Südamerika, dreimal in den USA bei einer Tante, in Österreich bei meiner Großmutter oft zum Skilaufen und dann auch in Spanien und in Frankreich nur zum Erholen. Dafür war ich in diesem Jahr zum allerersten Mal in München. Wirklich, ich kannte es nicht und bin begeistert. Und jetzt reise ich viel in Deutschland, weil ich eigentlich nichts kenne. Absolut nichts. Wenn man es sich kritisch überlegt, ist es ziemlich mau.»

Beate Franz, eine Sachbuchautorin: «Obwohl wir wirklich nie viel Geld hatten und ich meine drei Töchter alleine durchbringen mußte und zwei quasi jetzt ein Künstlerleben führen, sind sie immer alle sehr viel gereist. Sie waren monatelang in Südamerika oder in Indien. Natürlich ist dort alles für uns extrem billig. Und sie kennen es auch von früher, wenn ich mit ihnen losgezogen bin und wir gezeltet haben.

Deswegen sind sie absolut anspruchslos und kommen damit um die ganze Welt.»

Cornelius Ondarza, ein 22jähriger Betriebswirtschaftsstudent und Bergsteiger aus Passion: «Meine Freunde und ich haben uns gerade mal überlegt, daß wir gar nicht fähig sind, irgendwo zu überleben, wenn man mal ausgesetzt würde. Die meisten jedenfalls nicht. Und dann gehen viele meiner Freunde in so teure Camps, in diese Survival-Kurse für 2000 Dollar, um zu lernen, wie man in der Wildnis überlebt. Eigentlich ziemlich blöd, die sollten lieber mit ganz wenig Geld, auch ohne Scheckkarte von den Eltern auf Reisen gehen und zwischendurch jobben. Da lernen sie viel wichtigere Sachen als auf einem Baumstamm über den Fluß zu balancieren oder solche Zirkusnummern. Sie sollten halt mal eine Bergtour machen. Geld für so einen Kurs auszugeben, viel Geld, um zu lernen, mit nichts auszukommen, das ist doch widersinnig.»

8 Die Mutter als Sklavin oder: Was geht mich mein Dreck an?

Sollen Kinder im Haushalt helfen? Wenn ja: wieviel, wie oft, warum? Als schlagendes Gegenargument heißt es schon bei den Jüngsten: Aber es gibt doch Putzfrauen! Und Ordnung war immer eines der leidigsten Themen zwischen Eltern und Kindern, bei dem Clinch und Krach, Ärger und Streß auf beiden Seiten, nicht selten vorsätzlich produziert werden. Doch die Oberhand behalten die Youngsters. Denn so schnell kann niemand aufräumen, wie sie Unordnung stiften: Bauklötze verstreuen, Milchflaschen umkippen, Äpfel anbeißen, Socken in den Kamin werfen, Bilderbücher unters Sofa pfeffern, Schlüssel verlegen, Portemonnaies verstecken, die Morgenzeitung zerreißen, Spinat ins Gesicht klatschen, Kochtöpfe in den Weg schubsen. Der Kampf zermürbt und nervt die Eltern in dieser unendlichen Geschichte, bei der niemand siegt, nur Sisyphus von ferne grüßt. Welche Wohltat, wenigstens einmal, zweimal, fünfmal in der Woche die absolute Ordnung genießen zu dürfen, die ein dienstbarer Geist zu schaffen vermag. Und sei es, daß das Teppichmuster für einige, wenige Minuten wieder sichtbar ist. Eine Putzfrau als Labsal der Seele, als Bollwerk gegen die Resignation im Chaos, als Rettung für die stark kontaminierte Ehe. Wer würde diese Erleichterung nicht konsumieren wollen? Doch das Engagieren einer Putzfrau hat auch eine pädagogische

Komponente. Denn eng verknüpft damit ist die Frage: Müssen dann die lieben Kleinen eigentlich gar nichts mehr tun? Oder tut die liebe Mutter sowieso alles? Weil es schneller geht, die Kinder und die eigenen Nerven schont und dieser Machtkampf mit dem (männlichen) Lebens- und Unordnungspartner sowieso tagtäglich neu ausgefochten werden muß? So jedenfalls die herbeibemühten Argumente.

Dieses Dilemma wird höchst unterschiedlich angegangen, doch nur selten mit ersprießlicher Konsequenz und nachahmenswertem Know-how.

Jane Dennull, Jahrgang 1960, ihr Vater ist Reeder, sie selbst Möbeldesignerin: «Wir hatten zu Hause viel Personal. Zwei Haushälterinnen und noch etliche andere Leute. Aber wenn Gäste kamen, mußten wir mit weißen Handschuhen servieren und waren schrecklich stolz, wenn wir Trinkgeld bekamen. – Das würde ich nie mit Moritz machen. Da lernen Kinder etwas Falsches, eine falsche Hörigkeit, einen falschen Respekt, eine falsche Distanz.»

Antoinette Dennull, Jahrgang 1940, eine Schauspielerin und die Mutter von Jane: «Also, serviert haben die Kinder nur, wenn es ihnen Spaß machte. Aber sie wollten halt immer das Geld. Problematisch ist, wenn man viel Personal im Haus hat, daß die Kinder frühzeitig gemeinsame Sache mit ihnen machen, gegen die Eltern.»

Louise Haug, Jahrgang 1953, in einem Fabrikantenhaushalt aufgewachsen: «Meine Mutter hatte für uns vier Kinder eine Haushaltshilfe. Die war immer da, und das war für uns absolut normal. Später haben wir uns nur dagegen gesträubt, daß sie uns, wenn die Eltern verreist waren, auch noch erziehen wollte. Ich selbst habe, bei unseren drei Kindern, Verschiedenes probiert. Erst hatte ich morgens ein junges Mädchen, als die Kinder alle noch sehr klein waren. Das war auch ziemlich erfolgreich. Komisch nur, daß die Kinder sie sozusagen sprachlich vereinnahmten, sie redeten immer von unserem Kindermädchen, obwohl wir Erwachsene diesen Begriff ganz bewußt nicht gebrauchten. Danach hatten wir ein japanisches und ein amerikanisches Au-pair-Mädchen. Beide ausgesprochen nett. Wenn ich keine ständige Hilfe habe, kommt die Putzfrau zweimal in der Woche. Bei so viel Personal helfen natürlich die Kinder überhaupt nicht. – Mein Erziehungsziel ist es schon, daß sie lernen mitzuhelfen und darin selbständig werden. Deswegen versuche ich durchzusetzen, daß sie wenigstens am Sonntag das Frühstück machen.» – Was sonst nur am Muttertag passiert, an diesem Mütter-Luxustag gegen das schlechte Familiengewissen, wird also zur Sonntagspflicht. Es ist nicht zu leugnen, daß darin eine Steigerung von eins auf 52 enthalten ist.

Eine Gruppendiskussion: Anwesend sind vier Mütter und zwei Väter, die Eltern von vier neunjährigen Jungen.

Peter Schuhmann, Lehrer und Vater vom oben zitierten Manuel: «Vor kurzem sagte Manuel einen Satz, der mich ziemlich schockierte: Morgen kommt ja Cora, unsere Putzfrau, ich freue mich schon, weil sie meinen Dreck wegmachen kann. Das habe ich ihm ziemlich ausgetrieben und ihm erklärt, daß sie nur kommt, um uns zu helfen, weil meine Frau und ich berufstätig sind und wir das sonst nicht schaffen. Und sie kommt keineswegs, um seinen Schweinestall in Ordnung zu bringen. Seitdem muß er sein Zimmer picobello aufräumen, bevor die Putzfrau kommt.»

Uwe Schwarz, Computer-Journalist: «Lukas vergleicht erstaunlicherweise: Er sagte, die Monika Müller, die hat eine Putzfrau und wir nicht. Das war für ihn bemerkenswert. Jetzt haben wir auch eine, weil meine Frau wieder Übersetzungen macht, und das findet er regelrecht toll. Ich als sein Vater bin jedenfalls im Moment nicht als Vorbild akzeptiert, obwohl ich selbst meine Hemden bügele und am Wochenende auch Fenster putze und so. Das beeindruckt ihn überhaupt nicht. Lukas hat sogar unsere erste und zweite Putzfrau miteinander verglichen. Die eine fand er toller, ich weiß nicht warum. Aber auf alle Fälle muß er immer sein Zimmer am Tag zuvor total aufräumen. Feste Dienste hat er nicht, er hilft überhaupt nicht gerne. Aber ich zwinge ihn, mit dem Hund rauszugehen. Denn der ist unser Familienhund. Und am Wochenende deckt er ab und an mal den Tisch. Aber eigentlich habe ich den Anspruch, daß er mehr tut. Ich fürchte, wir Eltern selbst sind einfach viel zu faul, um die Kinder dazu anzuhalten.»

Stella Schuhmann, eine PR-Beraterin und Mutter von Manuel: «Mein Mann und ich diskutieren oft über die Dienste der Kinder. Ich bin für eine regelmäßige Regelung, also eine Woche Tischdecken, eine Woche Einkaufen und so weiter. Peter ist für Ad-hoc-Hilfsleistungen. Beim Kochen zum Beispiel, wenn ein Topf Sahne fehlt, dann erwarte ich, daß Manuel ihn mir rasch aus dem Laden holt. Er macht es normalerweise auch, denn das Essen ist ja für uns alle. Und dazu würde ich ihn auch zwingen, denn ich bin ja schließlich auch gezwungen, neben meiner Arbeit noch den Haushalt zu bewältigen. Aber eigentlich bin ich eher für regelmäßige Dienste, weil ich es früher als Kind gehaßt habe, aus dem Spiel herausgerissen zu werden. – Früher, ich bin ja total antiautoritär erzogen worden, diskutierten unsere Eltern mit uns die Dienste, und ich habe dann theoretisch akzeptiert, daß ich den Abwasch übernehme. Da war ich sieben. Aber natürlich habe ich versucht zu kneifen, mich immer erst aufs Klo verzogen. Grundsätzlich jedoch war es für mich absolut okay.»

Antonia Weber, eine Visagistin und Mutter von einem der vier kleinen Freunde: «Also, ich würde meinen Sohn nicht zwingen, wenn er die Sahne nicht holt. Ich wäre dann zwar sauer, aber er müßte ja auch selbst die Konsequenz tragen, weil es dann keine Sahne gibt. Außerdem gebe ich meinem Sohn Geld fürs Helfen. So als kleinen Anreiz. Er kriegt zehn Pfennig für jede weggebrachte Flasche, auch dann, wenn es kein Geld für das Pfand beim Händler gibt. Komisch ist nur, daß ihn das überhaupt nicht reizt. So paar Groschen zu verdienen interessiert nicht.»

Peter Schuhmann ist empört: «Aber hör mal, was ist das denn für eine Argumentation! Weder du noch ich noch sonst jemand kriegt Geld, wenn wir den Familienhaushalt machen. Das tun wir doch, damit alle sich wohlfühlen. Warum muß dann ein Kind bezahlt werden? So schafft man doch künstlich Begehrlichkeiten und prämiert etwas, was eine soziale Selbstverständlichkeit ist.»

Antonia Weber: «Aber weißt du, Kinder haben doch ganz andere Zwänge, Schule und so. Deswegen versuche ich bei Kleinigkeiten locker zu sein. Das geht natürlich besser in einer zweiköpfigen als in eurer großen Familie. Auch denke ich, daß alles Reden und Argumentieren nichts bringt in der Pädagogik. Man muß es den Kindern vorleben. Er sieht bei mir, daß ich Ordnung halte, das ist doch schon ein Beispiel, und irgendwann wird er es übernehmen.»

Stella Schuhmann: «Ganz offensichtlich ist gerade das ein überhaupt nicht funktionierendes Beispiel. Denn 99 Prozent der Menschen haben mitbekommen, daß ihre Mütter schuften und aufräumen und Haushalt machen und dreckige Socken waschen und kochen und sich abmühen. Aber, nur als Beispiel, welcher Mann hat jemals diese Eigenschaften von seiner Mutter übernommen? Diese Zahl bewegt sich doch gegen Null.»

Ende der Diskussion.

Maria Hubertus, die Mutter von fünf Kindern zwischen 21 und sieben Jahren: «Wir hatten früher ein Mädchen aus dem Dorf, das im Haushalt half. Es wurde mir dann aber zu schwierig mit den heranwachsenden Kindern, weil sie Bettgeschichten aus dem Dorf vor ihnen ausbreitete. Das wollte ich nicht, daß dies in mein Haus kommt. Schauderhaft. Also habe ich sie abgeschafft, und jetzt hilft mir eine Putzfrau. Aber natürlich müssen die Kinder ihre Zimmer selbst in Ordnung halten. Und alle lernen ziemlich früh zu kochen. Das ist meiner Ansicht nach selbstverständlich.»

Margot Schöninger, fünf Kinder, ihr Mann ist Goldschmied: «Bei uns gibt es einen Ämterplan. Jedes Kind muß für jeweils einen Monat ein Amt übernehmen: abwaschen, Müll raustragen, Waschbecken und Toiletten saubermachen. Oder immer für frische Milch sorgen, das sind acht Liter in zwei Tagen. Ich kann mir keine Hilfe leisten, also müssen die Kinder so früh wie möglich damit anfangen, nämlich sobald sie eine Aufgabe positiv bewältigen können. Natürlich haben wir mit kleinen Dingen begonnen. Und Christine, unsere große Tochter, ist für das Abendessen verantwortlich und für die gesamte Wäsche. Ich hoffe zuversichtlich, daß dieser Plan bald nicht mehr nötig ist, weil jeder von alleine sieht, wo Arbeit liegt. – Ich habe bei anderen Familien beobachtet, daß das Mithelfen den Kindern ausgesprochen schwer fällt, wenn die Eltern zu spät damit anfangen. Es geht besser, wenn es als eine Selbstverständlichkeit von früh auf angesehen wird. Denn sind sie erst einmal elf, zwölf Jahre alt und in der Vorpubertät, dann kommen genügend andere Konflikte. Und wenn die Eltern erst dann auf Mithilfe bestehen, kann es nicht funktionieren. – Eine große Familie hat viele Vorteile: Diese Hilfe durchzusetzen ist einfacher, weil es erstens notwendig ist und zweitens die jüngeren Geschwister es von den älteren abgucken. Ich als Mutter kann es objektiv nicht alleine schaffen. Klar, manchmal gibt es auch Gemurre, aber im Prinzip ist es selbst dem Vierjährigen klar, daß die Arbeit getan werden muß. Und mein Mann tut auch das Seine dazu.»

Christine Schöninger, die 17jährige Tochter und Waldorfschülerin: «Ich fand es immer toll, so viele Geschwister zu haben. Deswegen habe ich auch gerne auf Dinge verzichtet. Einzelkindern wird natürlich viel mehr gekauft, wir dagegen müssen lernen, zu teilen. Und zu helfen, weil meine Mutter nicht den ganzen Haushalt alleine machen kann. Das merkt man auch auf Klassenreisen, daß Einzelkinder viel unsozialer denken.»

Matthias Debrowski, Ernährungswissenschaftler und Vater von sieben Kindern: «Das Helfen kann man durch Vorbild steuern. Liselotte mit ihren eineinhalb Jahren ist schon in der Lage, die Krümel unter ihrem Eßplatz wegzufegen. Sie darf gerne krümeln, aber nach dem Essen holt sie freiwillig den Handfeger. Das habe ich ihr nur ein einziges Mal gezeigt. Sie ist auch unheimlich ordentlich mit ihrem Lätzchen. Und das ist ja auch das Geheimnis von Hausarbeit: präventiv zu arbeiten, den Dreck gleich wegzumachen, ihn sich nicht erst stapeln zu lassen. Das ist eine Frage der Regelmäßigkeit. Wenn man in dem Alter die Kinder in die Pflichten einbindet, dann, wenn sie es liebend gerne machen, ist es total einfach. Man darf allerdings nicht versäumen, sie in diesen Pflichten quasi drinzubehalten, wenn sie ins Trotzalter kommen. Was natürlich mühsam ist. Ist aber diese Hürde überwunden, dann klappt es auch bis zur nächsten Krise mit 15 Jahren.»

Oliver Belmonte, Jahrgang 1945: «Wir hatten früher ein Kindermädchen, das jetzt noch bei uns im Haus wohnt. Und eine Köchin. Deswegen haben wir überhaupt nicht gelernt, im Haushalt zu helfen. Wir mußten zwar Holz schleppen für die Öfen, mußten im Garten helfen. Nur für Extraaufgaben kriegten wir ab und zu Geld. Durch das viele Personal, auch auf dem Hof, hatten wir natürlich einfach mehr Bezugspersonen, was ich rückblickend als positiv einschätze. Gleichzeitig wurde uns alles abgenommen, wir haben viele Dinge nie gelernt. Zum Beispiel zu renovieren oder Sachen im Haus zu reparieren. Das macht jetzt alles meine Frau.»

Magdalena Belmonte, seine Frau und Mutter von vier Söhnen. «Ich selbst habe einen Vater, der sehr gerne bastelt und im Haus einfach alles selbst macht. Unser Glück ist, daß wir Schwestern ohne Bruder aufgewachsen sind, weswegen er uns immer mit in seine Werkstatt genommen hat. Am Wochenende, wenn unsere Mutter mal Ruhe haben wollte. Da ‹durften› wir ihm helfen. Er vermittelte das so, daß wir es als ein hohes Privileg empfanden, ihm die Säge reichen zu dürfen, die Nägel zu halten, wenn er hämmerte. Und natürlich machten wir so bald als möglich alles selbst. Deswegen sind wir ziemlich geschickt, gerade auch bei den sogenannten männlichen Arbeiten. Die weiblichen – Kochen, Blumen Arrangieren, Putzen und so weiter – kriegen kleine Mädchen ja über die Identifikation mit der Mutter mehr oder weniger automatisch mit. Unser Vater ist wohl einer der ganz wenigen emanzipierten Männer seiner Generation, obwohl er das Gegenteil eines soften Hausmannes ist. Er respektiert andere einfach, auch ihre Arbeit, egal, was es ist. Hauptsache, sie ist gut gemacht. Das drückt sich auch darin aus, daß er Hausarbeit wirklich wertschätzt. Er weiß, daß es Schwerarbeit sein kann.

Mein Mann hat spät, aber exzellent kochen gelernt, sonst macht er fast nichts im Haushalt. Darum ist es mühsam, Ordnung zu halten. Und darin ist er auch kein Vorbild für unsere Söhne. Deswegen ist es eines meiner Ziele, die Buben so zu erziehen, daß meine zukünftigen Schwiegertöchter mich lieben. Diesen Satz hatte ich einmal aus Spaß gesagt, aber dann merkte ich, daß darin viel Konkretes steckt: Die Jungs sollen den Haushalt ohne Aufwand schmeißen können. Also so fähig werden, daß sie keine Staatsaktion daraus machen, wenn sie einen kleinen Salat anrühren, und daß sie dabei die Küche nicht total verdrecken. Denn dann machen sie es nur einmal und nie wieder. Die meisten Eltern haben doch die Absicht, die Kinder fit fürs Leben zu machen. Man bringt ihnen Zähneputzen, Schwimmen, Autofahren und so weiter bei, aber nur wenige haben es auf ihrem Programm, daß die Kinder sich später selbst gesund ernähren können, obwohl es immer wichtiger wird, auch über Nahrungsmittel Bescheid zu wissen. Lernen sie das nicht, heißt das doch konkret: Als Studenten werden sie in der scheußlichen Mensa essen oder sich Suppendosen aufmachen. Später, wenn sie Geld verdienen, essen sie in Restaurants, was auf Dauer auch nicht gesünder und meist mit Alkoholtrinken verbunden ist. Und gekoppelt ist daran, daß die meisten Männer nicht gelernt haben, es sich selbst und anderen gemütlich zu machen. Das hängt doch eng mit dem Essen und dem Kochen, einfach mit Gastlichkeit zusammen.

Früher während meines Studiums habe ich Dutzende von Freunden und Kommilitonen bekocht. Die strömten mir immer so zu, weil es bei mir urgemütlich war. Obwohl ich als Geld nur Bafög bekam. Auf zwei winzigen Elektroplatten habe ich tolle Sachen gekocht, einen Salat dazu, und der Abend war gelaufen. So eine Situation gab es nie bei den Jungs. Die Jungs lungerten immer woanders herum, auch weil ihre Wohnungen und Zimmer in kürzester Zeit total versaut waren, so daß man noch nichtmal einen sauberen Teller fand. Ich verstehe Mütter nicht, die das nicht als Erziehungsziel haben, daß gerade ihre Söhne sich die Wohnumgebung erträglich, wenigstens für sie selbst gemütlich zu gestalten in der Lage sind. Wenn man es weiterdenkt, heißt das doch: Sie sind in einem sehr wesentlichen Bereich ihres Lebens untauglich, nämlich in dem Bereich des Wohnens, der Gastlichkeit, des Genießen-Könnens auch ohne fremde Hilfe oder ein Bratkartoffelverhältnis.

Und selbst Frauen, die sich täglich verzweifelt darüber beklagen, daß ihre eigenen Männer haarsträubend unordentlich sind und zehn linke Daumen haben, ziehen seltsamerweise keine Konsequenz, nämlich ihre Söhne anders zu erziehen. So werden die Herren Söhne dann später wieder auf Frauen angewiesen sein, was erneut Eheprobleme provoziert. – Natürlich weiß ich nicht, ob es mir gelingt, gegen alle schlechten männlichen Vorbilder anzuerziehen. Und es langt halt nicht, mit dieser Erziehung ein halbes Jahr vor dem Abitur zu beginnen. Dann ist es zu spät. Denn das Mühsame am Haushalt ist doch nur erträglich, wenn es einem flott von der Hand geht. Und dazu gehört schlicht Übung!»

Amalie Kern, Jahrgang 1951, Schauspielerin: «Damals in den frühen 70er Jahren, in unserer Wohngemeinschaft in Berlin, da war eines der Hauptprobleme, daß die Jungs einfach nicht in der Lage waren, irgendwas Praktisches zu tun. Weder kochen konnten sie noch putzen noch Wände streichen. Mir kamen sie manchmal wie Menschen von einem anderen Stern vor. Ein Bursche ließ immer seine Mutter in die WG kommen, wenn er mit seinen Putzdiensten dran war. Das haben wir ihm aber gehörig ausgetrieben, obwohl es absolut mühsam war. – Diese Mutter kam tatsächlich. Mein Gott, wie erniedrigen Frauen sich, indem sie freiwillig, ohne Not, so unglaublich gern den Dreck von Männern, und seien es ihre Söhne, wegmachen. Das hat schon etwas Perverses, fast Primitives an sich, diese Art der Mutter-Liebe. Da geht die Liebe offensichtlich nicht nur durch den Magen, sondern gleichfalls durch den Wischlappen und das Kloputztuch. Die geheime Botschaft heißt: Je dreckiger, desto lieber – ich bestehe auch darauf, daß du mir deine schmutzige Wäsche heimbringst! Vielleicht hat das mit einem Kontrollbedürfnis zu tun. Oder ist ein Nähe-Ersatz, etwa nach dem Motto: Wenn ich das Zweitintimste, seine Wäsche nämlich, wie zu seinen Babyzeiten in die Finger bekomme, kann er nicht ganz verloren für mich sein.»

Eine neue wissenschaftliche Untersuchung belegt die Tatsache, daß Männer ohne Frauen schlicht lebensuntauglich sind. Die Universität San Francisco hat eine repräsentative

Befragung von 7651 Männern zwischen 45 und 68 Jahren durchgeführt. Dabei stellte sich heraus, daß die unverheirateten, alleinlebenden ein doppelt so hohes Risiko haben, im Laufe der nächsten zehn Jahre zu sterben, wie verheiratete. Auch zeitweilige Lebenspartnerinnen schmälern dieses Risiko keineswegs. Die Gründe? Emotionale Defizite auf alle Fälle, doch naheliegenderweise sind Defizite auch bei der Ernährung zu finden, bei den ewigen Tütensuppen, dem Dosenfisch, den im Stehen gegessenen Pizzas, dieser meist kalorienreichen und cholesterinsteigernden Mangelernährung. (*Süddeutsche Zeitung*, 29.12.1990).

Vivi Bistol, die sechsjährige Tochter eines Pfarrers, ist zwar ohne Putzhilfen aufgewachsen, aber durch die Mutter verwöhnt. Sie bringt es auf den Punkt: Wir trinken Tee, ihre Mutter springt noch einmal auf, um für die beiden Kinder Apfelsaft zu holen, was ihre Tochter in liebenswürdigem Plauderton kommentiert: «Weißt du, meine Mutter ist meine Sklavin.»

Und damit ist eigentlich alles gesagt. Die Mutter als Sklavin, die Putzfrau ihr verlängerter Arm. Ein Aspekt kommt bei den Dienstleistungen für die Kinder noch hinzu, der einen Circulus vitiosus in Gang hält: Es sind fast immer Frauen, die sich für den Dreck verantwortlich fühlen – müssen. Putzhilfen sind in der Überzahl weiblich. Die niederen Arbeiten, die mühsamen, die schlecht bezahlten sind das Terrain der Frauen. Hinzu kommt, daß sich Kinder der Mittelschicht unter den Berufen ihrer Eltern nichts vorstellen können. Es ist für sie eine Welt der Abstrakta. Der erste berufstätige Mensch, den sie erleben – noch vor der Kindergärtnerin –, ist in vielen Fällen die Putzfrau. Und das prägt wiederum ihr Bild von Geschlechtsrollen und wirkt tiefgreifender und nachhaltiger als das Vorbild des Vaters, der am Wochenende mal die Fenster putzt.

Natürlich gab es das immer, daß Hausangestellte für andere arbeiteten. Das ist nichts Neues. Eine Folge der übermäßigen und expandierenden Inanspruchnahme von Dienstleistungen: Die Mehrzahl der heutigen Kinder lernt nicht mehr, ihre Hände zu gebrauchen. Alles wird ihnen abgenommen, alles wird genäht, gekocht, geliefert, selbst das Bettenmachen, Schuheputzen usw. kann delegiert werden. Sie haben es auch nicht nötig, Dinge zu reparieren, weil die Produkte der Massenindustrie zum Wegwerfen bestimmt sind. Es lohnt nicht, also wird Neues gekauft. Der Psychoanalytiker Wolfgang Schmidbauer nennt diese Tendenz eine massenhafte Verdummung: «Während Homo sapiens geschaffen ist, jeden Tag zu lernen und klüger zu werden, lebt Homo consumens heute in einer Situation, in der er von Tag zu Tag dümmer wird. Die Höchstleistungen in Wissenschaft und Technik von der Atombombe bis zum Mondflug sind kein Gegenbeweis und nicht einmal ein Alibi... Wirklich ernst zu nehmen ist der Prozeß der Verdummung erst, wenn man bedenkt, daß er innerhalb weniger Generationen nicht mehr umkehrbar sein wird. Wie rasch das geschieht, zeigt sich etwa beim Handwerk. Es ist sehr schwierig, neue Möbel zu finden, die an Qualität an die alten heranreichen... Gute Holzschnitzer, Ziseleure, Kupferstecher, Steinmetze sterben aus. Je ausgeprägter diese Dummheit von Homo consumens ist – und sie wird sich, wenn nichts geschieht, von Generation zu Generation verstärken –, desto schwieriger wird es auch sein, klügere Lösungen zu entwickeln und durchzusetzen... Der Formel ‹verdummen durch konsumieren› kann und muß man die Formel ‹lernen statt kaufen› entgegensetzen. Und wenn dumme Menschen besonders viel konsumieren, so besteht auch die Hoffnung, daß mit dem Wachsen von echter Bildung, von Wissen um natürliche Zusammenhänge die rapide Vermehrung von Homo consumens eingeschränkt wird und Homo sapiens wieder die Oberhand gewinnt» (Schmidbauer, 1990, S. 100ff.).

Es gibt Kinder, die mit zwölf Jahren noch nie Spaghetti, ihre eigene Lieblingsspeise, gekocht, nie einen Knopf angenäht, nie die Grünpflanzen gegossen, nie ihr eigenes Zimmer staubgesaugt oder das Bad geputzt haben. Wie eine Scheibe Brot gerade und dünn abzuschneiden ist, wird zu einem exklusiven Geheimwissen. Nie haben sie Verantwortung übernommen für die Blumen, die regelmäßig Wasser brauchen, oder für den Hund, der immer nur kurzzeitig geliebt, doch aus Bequemlichkeitsgründen vor den Sommerferien einfach wieder ausgesetzt wird. (Ein weiteres Beispiel für die vielen Ex-und-hopp-Lieben.)

Die Eltern argumentieren, ohne Nachdruck, gleichsam als glaubten sie ihren eigenen Worten nicht: Wir wollen unsere Kinder nicht überfordern, indem wir ihnen Haushaltspflichten aufbürden. Tatsächlich registrieren sie gar nicht, daß sie sie eher unterfordern. Manche Eltern scheinen dabei keinen Zusammenhang zwischen ihrem pädagogischen Tun heute und dem mittelbaren und unmittelbaren Lerneffekt für ihre Kinder zu sehen oder sehen zu wollen. Intelligente, interessierte Eltern, beruflich in verantwortungsvollen Positionen, verhalten sich zu Hause, als hätten sie ihre Einflußmöglichkeiten auf die eigenen Kinder schon früh, bemerkenswert kampflos und resigniert aufgegeben. – Die alten Regeln der autoritären Erziehung, der strengen, demütigenden Vermittlung von Fähigkeiten gelten zum Glück nicht mehr, aber neue sind noch wenig entwickelt. Da besteht ein Vakuum, wie viele der interviewten Eltern erklären: Man weiß nicht und fühlt sich enorm unsicher, wie den Kindern Tugenden beizubringen sind. Andererseits scheinen die pädagogischen Inhalte, die man vermitteln möchte, gar nicht so neu zu sein. Wie bereits erläutert, wünscht sich nach einer repräsentativen Umfrage der *Süddeutschen Zeitung* (Januar 1991) die überwiegende Mehrheit der Befragten eine stärkere Ausprägung so ‹altmodischer› Tugenden wie Hilfsbereitschaft,

Achtung vor dem Alter, Zivilcourage, Toleranz, Offenheit, auch Umweltbewußtsein bei den Menschen im Jahr 2000. Also Eigenschaften, die nicht zu der Vision einer immer kühler werdenden, distanzierten, nur auf Leistung und Konsum hin orientierten Gesellschaft einsamer Singles passen.

Einige dieser Eltern fragen zaghaft an, wie diese Erziehungsideale im Alltag «herunterzukonkretisieren» seien, wie sie praktisch durchgesetzt werden könnten. Nicht selten schwingt die Hoffnung mit, eventuell von anderen Eltern so etwas wie ein Geheimrezept zu erfahren, als würde die Tugendvermittlung anders funktionieren können als durch konkretes Handeln.

Tatsache ist jedoch, daß weite Bereiche der Erziehung im Probehandeln bestehen: Zunächst übt das Kind im Spiel das Umsorgen seiner Puppen und Tiere, die gefüttert, gebadet, gewickelt werden. Später «darf» es den Eltern in der Küche helfen, solange es Spaß macht und diese Beschäftigung vom Kind gesucht wird. Doch bei dem Schritt zum «helfen müssen», zur Verantwortung, zur selbständig ausgeführten Arbeit für die gesamte Familie wird es problematisch. Forderungen zu stellen widerspricht offensichtlich auch vehement den Vorstellungen der Erwachsenen, daß das Leben überwiegend Spaß machen sollte. Denn wie anders wäre diese Diskrepanz zu erklären, die zum Beispiel zwischen dem Erziehungsideal «Hilfsbereitschaft» und der Hemmung besteht, diese im Alltag auszuprobieren. Das Ausprobieren, das Einüben ist notwendig, um ganz einfach die Verknüpfung einer altruistischen Handlung mit den daraus resultierenden positiven Folgen selbst zu erleben und zu spüren. Denn das Gefühl der eigenen Wichtigkeit, die Erhöhung der eigenen Person, das Lob und die Anerkennung von außen sind ja die Triebfedern für altruistisches Verhalten sowohl bei Kindern als auch bei Erwachsenen. Die eigene Hilfsbereitschaft nicht auszuleben hat deswegen auch die Konsequenz, die daraus resultierenden positiven Gefühle nicht zu erfahren, bis hin zu der überaus schmerzlichen Erfahrung, sich überhaupt «überflüssig» zu fühlen, in der Familie, der Schule, im sozialen Umfeld.

Auf die gesellschaftliche Komponente einer Vergötterung und der damit einhergehenden «Schonung» von Kindern in den Familien verweist die Psychologin Claudia Szczesny-Friedmann (1991). Sie spricht von einer Doppelmoral: Auf der einen Seite die unverhohlene Kinderfeindlichkeit der Gesellschaft, auf der anderen Seite ein Höchstmaß an Sorge um das Kind und seine Vergötzung innerhalb der Familie. Das Kind ist «König und Bettelmann» zugleich (S. 152) und schwankt zwischen objektiver, gesellschaftlich vermittelter Minderwertigkeit einer quasi zur Minorität gewordenen, an den Rand gedrängten Bevölkerungsgruppe und subjektiven, in den Familien geförderten Größenphantasien. Hier die Balance zu finden ist für viele Eltern schwierig, denn ihnen ist aufgetragen, den Minderheitenstatus ihrer Kinder zu kompensieren, einen Status, der sich bei zunehmender Überalterung unserer Gesellschaft noch verschärfen wird, stehen doch den Kindern, den Jugendlichen immer weniger Spiel- und Lebensbereiche zur Verfügung. Weswegen sie ständige Begleitung und Begleitschutz benötigen. Diese hohen Anforderungen an die Eltern von außen sind verknüpft mit starken Ablehnungstendenzen, die sich in den meisten Fällen dem rationalen Zugriff entziehen. Ein Symptom dafür könnte die erstaunliche Passivität von Eltern bei der Erziehung sein, die es zulassen, daß ihre Kinder mit Schuhen auf dem Sofa herumhopsen, die es fördern, daß der Zweijährige auf alle Teppiche pinkelt, und die nichts dagegen tun, wenn Besucher im eigenen Wohnzimmer wie Luft behandelt werden.

Kinder werden zunehmend als «Störung» empfunden, denn sie vermögen weder den Wohlstand noch das Ansehen noch gar die Autonomie ihrer Eltern zu vergrößern. «Schon die bloße Präsenz von Kindern vermag die Selbstgewißheit des modernen autonomen Individuums nachhaltig zu erschüttern, weil sie an jene Gesetzlichkeiten des Lebens gemahnt, denen auch mit größtmöglicher Vorsicht und Selbstdisziplin nicht beizukommen ist.» (S. 148) – das sind die existentiellen Fragen nach Geburt und Tod und nach der Endlichkeit unserer Welt. – Eine weitere Folge wird ein neues Zweiklassensystem sein, welches die Menschen einteilt in diejenigen mit mehr Geld, ausreichendem Wohnraum und beruflichen Möglichkeiten und die immer seltener werdenden Erwachsenen mit Kindern, sehr viel weniger Geld, beengtem Wohnraum und begrenzteren Karrierechancen.

Vielleicht haben die Glücksverheißungen der Werbung das Unbewußte der Eltern bereits so tief infiltriert, daß sie nicht mehr daran glauben, durch aktive Erziehungsinterventionen aus ihren Kindern glückliche, kreative, selbstdenkende und verantwortlich handelnde Menschen machen zu können. Denn Glück, so bekommen wir doch täglich suggeriert, ist so leicht, nämlich passiv zu erreichen: Man nehme das richtige Deodorant, das passende Waschpulver, den exklusiven Whisky, man werde Kunde bei einer renommierten Bank und reise ans richtige Ziel. «Dies alles», so die indirekte Botschaft indifferenter Eltern, «können wir dir, mein Kind, allemal bieten: ohne große finanzielle Anstrengung, ohne Diskussion, ohne Kommunikation, ohne Disput. Denn über Geld redet man nicht, man gibt es aus.» Doch die Kehrseite ist: man redet gar nicht mehr miteinander. Für viele kommunikationsbedürftige Eltern ist das bereits zur Realität geworden: Die Kinder reden nicht mehr mit ihnen, sind höflich, cool, aber schneidend distanziert.

Eine geldmächtige, aber sprach-lose Konsumgemeinschaft, in der «die Frühstückswünsche der Kinder zum Tagesbefehl» (wie im *Spiegel* formuliert wurde) für die Eltern geworden sind, und wo beim klassischen Mutter-Vater-Kind-Spiel die Youngsters sich darum reißen, das omnipotente Kind darstellen zu dürfen. «Alle Macht den Kindern», sang einst Herbert Grönemeyer. Jetzt ist es soweit. Vater-Sein oder Mutter-Sein ist out, es lebe das Einzelwesen Kind. An der Produktion zukünftiger Singles-Massen (zwölf Millionen gibt es bereits in der alten Bundesrepublik [*Spiegel*, 2, 1991]) wird emsig gearbeitet. Der Weg in eine «autistische Gesellschaft» mit immer mehr Einzelgängern, wie manche Wissenschaftler prophezeien, scheint unvermeidlich.

Zum Schluß zwei extreme, aber bedenkenswerte Positionen zu dem Thema: Was geht mich mein eigener Dreck an?

Eine konsequente Haltung in bezug auf die Haushaltshilfe vertritt Olga Mühlem, die in einer kleinen bayerischen Stadt wohnt. Damit verschleiert sie zwar die real existierenden Oben-unten-Unterschiede, doch ihr sind andere Lerneffekte für ihre Kinder wichtig. «Ich leiste mir zwar eine Putzfrau zweimal die Woche, doch kommt sie immer nur, wenn meine drei Kinder in der Schule sind. Die Kinder wissen davon überhaupt nichts. Wenn eines mal krank ist, dann muß ich halt auf diese Hilfe verzichten. Das hat zwei Gründe: Zum einen will ich nicht, daß die Kinder in ihren jungen Jahren erleben, wie eine erwachsene Person quasi für sie arbeitet und dazu noch diese gesellschaftlich als niedrig bewertete Arbeit macht. Außerdem hat die Frau eine Tochter, die mit meiner zusammen in eine Klasse geht. Ihr ist es natürlich sehr viel lieber, wenn unsere beiden Töchter dieses Arbeitsverhältnis nicht mitbekommen. Mir aber auch. Es würde nur das Verhältnis der beiden Mädchen zueinander komplizieren und höchstwahrscheinlich doch auch so eine gesellschaftliche Kategorie wie oben und unten provozieren. Das fände ich schade. Und funktionieren tut dieses Arrangement bereits seit zwei Jahren. Es ist nur eine Frage der Diskretion.»

Louisiella Schön, Jahrgang 1960, hat zwei Kinder, drei und

ein Jahr alt. Sie selbst ist Malerin, ihr Mann Lektor, sie wohnen in einem Großstadtvorort, Kategorie wohlhabend: «Ich denke, daß ich so kreativ geworden bin, weil wir zu Hause nur sehr wenige Spielsachen hatten. Das versuche ich, gegen sämtliche Trends, auch bei meinen Kindern durchzusetzen. Schwierig genug, aber dafür machen sie stundenlang Phantasiespiele. Andererseits wollen so kleine Kinder ja sowieso viel mit mir gemeinsam machen, und das heißt Haushalt oder Malen und Herumwerkeln. In der Küche also schnipseln, kochen, abwaschen, Wäsche sortieren, das ist alles höchst aufregend für unseren Ältesten, und er arbeitet mit Hingabe. Ich merke es genau: Wenn ich mich hinsetze, fängt er erst einmal an sich zu langweilen, beziehungsweise braucht er neuen Schwung, um alleine zu spielen. Was er auch fabelhaft kann. Dann wird mir auch so deutlich, daß übliche Spielsachen, wie zum Beispiel in eine Kinderpinnwand mit einem Kinderhammer zu hämmern, um anschließend die Nägel wieder herauszuziehen und alles noch einmal zu machen, einfach zu stupide für ihn sind. So ohne jeglichen Sinn. Anders beim Wäschesortieren: schön die weiße, die blaue, die rote auf jeweils einen Haufen, oder beim Malen und Basteln. In all diesen Tätigkeiten liegt der Sinn auf der Hand, es bedarf keiner Begründung. Das zeigt mir, daß schon sehr kleine Kinder viel lieber etwas Sinn-volles, etwas mit richtigem Nutzen für die Gemeinschaft tun. Außerdem ist Hausarbeit doch auch etwas Sinnliches: Sie hat mit Wärme und Kälte, mit Wasser und Kuchenteig, mit Dreck und Sauberkeit, mit Anfassen und unterschiedlichsten Materialien und mit erreichbarem Genuß (dem Essen) in absehbarer Zeit zu tun und viel mit Fingerfertigkeit, denn um eine Möhre dünn schälen zu können, muß man viel üben. Eigentlich sind das alles die Elemente, die man bei der Kleinkindererziehung berücksichtigen soll. Man könnte fast eine Pädagogik daraus machen: Laßt die Kinder in der Küche herumwerkeln, und sie sind den ganzen Tag bestens beschäftigt und außerdem erfüllt und zufrieden und fühlen sich so richtig ernst genommen.

Erst hatte ich immer versucht, die Kinder aus der Küche herauszuhalten. Mit dem Argument: ‹Ich mache rasch den Haushalt, und danach kann ich mit euch spielen.› Aber eigentlich ist das ja blöd und eine künstlich geschaffene Situation, sowohl mein alleiniges, rasches Kochen unter Streß als auch danach die künstlich herbeigeführte Spielaktion. Und zudem hat das viele Nerven gekostet. Seitdem ich mich darauf einlasse, daß sie mir helfen, kann ich die Energie, die ich zuvor damit verpulvert habe, die Kinder aus der Küche herauszuhalten, nutzen, um positiv oder kreativ damit umzugehen. So nach dem Motto: Ich muß sowieso den Haushalt machen, also mache ich eine gute Beschäftigung für die Kinder daraus. Damit ist allen gedient.»

Exkurs über das Spielen

Spielen und Lernen sind bei kleinen Kindern voneinander abhängig. Indem sie spielen, lernen sie, eignen sie sich die Welt an und erreichen dabei ein hohes Maß an Befriedigung, Hingabe und Selbstvergessenheit. Sie spielen nicht, um zu lernen, ihr Spiel ist zweckfrei, ohne Ziel. Das Lernen stellt sich absichtslos, wie von selbst ein. Spielen war bis zum Beginn des Industriezeitalters keine Domäne der Kinder, sondern ein gemeinsames Vergnügen für Erwachsene und Kinder. Erst danach trennten sich auch diese Erlebensbereiche, und dem Spiel wurden pädagogische Qualitäten zugewiesen. Jean-Jacques Rousseau beschreibt in seinem 1762 erschienenen Bildungsroman «Emil oder Über die Erziehung» die einzelnen Entwicklungsstufen der Kinder und ihrer Tätigkeiten als notwendige Durchgangsphasen zur Erlangung der Reife. Friedrich von Schiller philosophiert über die ästhetischen und die Freiheitsmomente sowohl in der Kunst als auch beim Spiel. Und damit ist die Grundlage gelegt für eine Reihe von Theorien des kindlichen Spielens im 19. und 20. Jahrhundert. Nur ein Beispiel aus der jüngeren Zeit: Andreas Flitner verweist in einer eigenen Spiel-Theorie auf die enorme psychohygienische Bedeutung des Spielens. Man müsse dem Kind nur den nötigen Freiraum, die zeitliche und emotionale Sicherheit geben, damit es lernt, zu spielen und eventuelle Spielhemmungen zu überwinden. «Neben der vitalen Spielfähigkeit ist offenbar auch die Symbolfähigkeit eine für den seelischen Haushalt des Kindes entscheidende Kraft. Wenn das Kind, mit seiner fragmentarischen Sprache, seinen schwachen körperlichen Kräften, seiner geringen sozialen Bedeutung und seiner totalen Abhängigkeit sich als handelndes, wirkendes und selbständiges Wesen erfahren soll, so kann es das in erster Linie durch die symbolische Teilnahme und Handhabung der Welt im Spiel... Es ergreift auf symbolische Weise Besitz von Möglichkeiten und Rollen, von historischen und literarischen Figuren, die seiner psychischen Lage und seiner Ich-Phantasie entsprechen» (1973, S. 110).

Wie immer man die Bedeutung des Spiels theoretisch begründet, es fördert in hohem Maße die unterschiedlichen Elemente der Persönlichkeitsentwicklung: die Geschicklichkeit des Bewegungsapparates etwa durch Schaukeln, Hüpfen, Balancieren, Rodeln oder durch Ballspiele. Das Erlernen der festen und variablen Spielregeln erleichtert dem Kind, auf bestimmte Situationen einzugehen, auf Gebote und Verbote flexibel zu reagieren, in fremder Umgebung sich zurechtzufinden und mit Konflikten konstruktiv umzugehen. Eng verknüpft mit dem Beherrschen der Regeln ist das Aufstellen von neuen Reglements, das Erfinden von Varianten, von Wahlmöglichkeiten, das Ausprobieren von

Neuheiten. Die kognitive Entwicklung wird gefördert, indem Kinder zum Beispiel ihre Bauklötze in ungezählten Wiederholungen arrangieren, sortieren, bewegen, verschieben und durch die Berührung der Gegenstände deren Eigenschaften, Oberflächen, Funktionen, Ähnlichkeiten erfahren, sinnlich erspüren und kognitiv verarbeiten. Ein weiteres, wesentliches Moment des Spiels ist, daß die Kinder (fast ausschließlich) beim Spielen miteinander in Kontakt kommen. Kaum haben sie sich getroffen, beschließen sie, miteinander zu spielen, im Sand zu buddeln, Wasser zu schöpfen, Leute zu ärgern. Und wenn sie erst zusammen spielen, dann werden alle Facetten des menschlichen Kommunizierens erfahren: Auseinandersetzungen, Konflikte, Streitereien, Aussöhnungen, Verständigungen, Freundschaft, Zuwendung, Zärtlichkeiten, Trost und Hilfe.

Wird das Kind am Spielen gehindert, indem ihm das Fernsehen beigebracht wird, ergeben sich negative Folgen im körperlichen und kognitiven Bereich, die in der Öffentlichkeit in den vergangenen Jahren ausführlich diskutiert wurden. Ein Punkt scheint mir jedoch vernachlässigt worden zu sein, nämlich die Verkümmerung der Sinne, des sinnlichen Erlebens, wenn nicht genügend gespielt, sondern nur noch geglotzt wird.

Sigmund Freud entdeckte bereits zu Beginn des Jahrhunderts die kindliche Sexualität. Und in den 60er Jahren meinte man, durch die «sexuelle Revolution» sei die Sexualität von ihren Fesseln befreit. Doch das war anscheinend ein Fehlschluß, denn «erotischer» geht es in erster Linie in den Medien zu. Mir scheint, daß da ein Zusammenhang besteht, denn ungefähr parallel zur sexuellen Revolution nahm das Fernsehen von uns Besitz und damit einhergehend eine enorme Überbetonung des Gesichtssinnes zu Lasten aller anderen Sinne und Körpererfahrungen. Hier trifft sich die «massenhafte Verdummung» (Schmidbauer

1984) mit einer massenhaften Körper-Negierung (Marlovits, 1989), und es kommt zu rasant steigenden Fallzahlen psychosomatischer Beschwerden bei Kindern. Waren ihre Körpererkundungen, waren ihre Energien, ihre Tobelust, ihre Lautstärke, ihre Verrücktheiten ehedem aus moralischen, disziplinarischen Gründen verboten, so werden sie heute aus städteplanerischen, kinderfeindlichen Gründen, aber auch freiwillig in den Familien zugunsten von Medienkonsum reduziert. Doch dies fördert keineswegs die sinnliche Lust am Tasten, Spüren, Begreifen, Hobeln, Sägen, Kochen, Pflanzen, Schmieren, Planschen, Zündeln und Kokeln , geschweige denn am Streicheln, Kitzeln, Anfassen, Kosen, Berühren. Eine der Folgen spüren bereits einige Eltern, weil nämlich etliche Kinder schon in sehr frühem Alter jegliche Zärtlichkeiten ablehnen, sie weder suchen noch dulden.

Die Negierung des Körpers und der damit einhergehende notorische Bewegungsmangel haben für Kinder ganz konkrete, gefährliche Folgen: Mit über 80 Unfällen pro Jahr bei 1000 Kindern ist das relative Unfallrisiko in Kindergärten größer als in jedem Industriebetrieb. In erster Linie verunglücken die Kinder durch Stürze. Der Psychologe Torsten Kunz (1991) führt diese auf nachlassende Bewegungs- sowie auf unterentwickelte Wahrnehmungsfähigkeiten, auf einen unausgebildeten Gleichgewichtssinn und schlechte Körperkoordination der Kinder zurück. Hinzu kommt, daß 60 Prozent der Großstadtkinder an Haltungsschäden, 30 Prozent an Übergewicht und 40 Prozent an einem schwachen Herz-Kreislauf-System leiden. – Bei 400 Kindergartenkindern hat Torsten Kunz in einem Prospekt zur Sicherheitserziehung die oben beschriebenen Entwicklungsrückstände durch Spiele und Bewegungsübungen zu beseitigen versucht, woraufhin die Unfallzahlen teilweise um die Hälfte gesenkt werden konnten.

Die Frage danach, wieviel Verantwortung Kinder für die Aufrechterhaltung der Ordnung in ihrer eigenen Umgebung übernehmen sollten, stellt sich natürlich ebenso in den Schulen. In Regelschulen wird sie jedoch selten gestellt. Denn da gibt es nur für die jüngsten Schüler noch feste Klassenzimmer, wo ein Heimatgefühl überhaupt entstehen könnte. Da gibt es die sattsam beklagten, zu riesigen Bildungsbahnhöfen gewachsenen Mittelpunktschulen, bei denen der Vandalismus immer mehr zunimmt. Er ist Zeichen für das Nichtbeheimatetsein in der Schule, obwohl Kinder Jahre, wichtige Jahre ihres Lebens dort verbringen. Aber nirgends, außer in Waldorf- und anderen alternativen Schulen gibt es das, daß Kinder reihum ihre Klasse selbst sauberhalten müssen, selbst einrichten dürfen. Weswegen die pädagogische Frage, wie Verbundenheit und wie ein Verantwortungsgefühl für die Gemeinschaft, für die eigene, unmittelbare Umwelt, entstehen sollen, eigentlich nur abstrakt beantwortet werden kann. Es werden, wenn nötig, didaktische Unterrichtseinheiten eingeschoben, kognitiv wird der Begriff «Verantwortungsbewußtsein» erarbeitet. Aber selten fördern pädagogische Instanzen, daß Kinder für ihren eigenen Klassenraum praktisch die Verantwortung übernehmen, das heißt, ihn in Ordnung halten, ihn putzen, schmücken, gestalten. – In seinem Märchen «Der Kleine Prinz» läßt Antoine de Saint-Exupéry den Fuchs dazu sagen: «Die Menschen haben diese Wahrheit vergessen. Aber du darfst sie nicht vergessen. Du bist zeitlebens für das verantwortlich, was du dir vertraut gemacht hast. Du bist für deine Rose verantwortlich …» (S. 72). Die Umkehrung lautet: Was mir nicht vertraut ist, dafür übernehme ich auch keine Verantwortung. Und was mir unvertraut ist, kann schnell feindliche, weil unbehagliche Gefühle wecken, etwa den Wunsch, alles zu ramponieren, zu zerstören, zu beschmieren. – Doch wie entsteht das Gefühl der Vertrautheit? Der kleine Prinz hat dafür gearbeitet: Er hat seine Rose unter einen Glassturz gestellt, er hat sie mit einem Wandschirm geschützt, er hat die Raupen für sie getötet, er hat sie jeden Tag begossen. Er hat sie sich durch Zuwendung, durch Pflege, durch Arbeit vertraut gemacht. Und so ist er aus diesen Gründen verantwortlich geworden. Wenn aber solche zeitliche und emotionale Hingabe fehlt, worauf sollte dann Verantwortung zielen?

9 Fernsehen: Der Blick, der in der Ferne bleibt

Drei Kommentare zur Mediengesellschaft: «Komm in die Welt, die noch Helden braucht... gleich hinter der Mattscheibe fängt sie an!» So verhöhnt eine Video-Reklame in *Bravo* die jugendlichen Leser (31.10.1990, S. 65).

Einen anderen Aspekt beleuchtet Dieter Hildebrand, der Kabarettist: «Fernsehen macht nicht blöd, aber unempfindlich dafür, daß man es schon ist.»

Der Schriftsteller Günther Anders erzählt eine Parabel: «Da es dem König aber wenig gefiel, daß sein Sohn, die kontrollierten Straßen verlassend, sich querfeldein herumtrieb, um sich selbst ein Urteil über die Welt zu bilden, schenkte er ihm Wagen und Pferd. ‹Nun brauchst du nicht mehr zu Fuß zu gehen›, waren seine Worte. ‹Nun darfst du es nicht mehr›, war deren Sinn. ‹Nun kannst du es nicht mehr›, deren Wirkung» (1956).

Fernsehen (oder am Computerbildschirm zu sitzen) mache aggressiv, einseitig, kopflastig, unsinnlich, passiv, wirbelsäulengeschädigt, es zerstöre die Phantasie, das Familienleben, den Realitätsbegriff, die differenzierte verbale und schriftliche Ausdrucksfähigkeit, das kreative Denkvermögen, die kognitive Unterordnung unter die Erwachsenen, die Kraft zur Strukturierung des eigenen Lebens und sozialer Kontakte. «Ein Prozeß der Nivellierung wurde eingeleitet, der alles

Authentische und Besondere vernichtet», so Pier Paolo Pasolini, einer der ersten und vehementesten Kritiker der Konsum- und Fernsehgesellschaft. (1988, S. 29). Der Bremer Bildungssenator Franke forderte 1989 sogar ein Fernsehverbot für alle Vorschulkinder (*Die Tageszeitung*, 26.11.1990). – Es gibt jedoch auch andere Stimmen, die den Medienkonsum von Kindern positiv bewerten. Wenn Kinder und Erwachsene vor dem Bildschirm die gleichen Informationen bekommen, führe dies zu einer Abnahme des Herrschaftswissens bei den Erwachsenen. Auch ermögliche gerade das Computern einen sehr lebendigen sozialen und kognitiven Austausch unter den Gleichgesinnten mit einer Fülle von neuen jugendspezifischen Stil- und Wertprämissen. Sogar ethische Normen sollen Computerprogramme vermitteln helfen. In den Vereinigten Staaten gibt es zur Zeit ein Simulationsspiel, das an die klassischen Doktorspiele erinnert. Dabei geht es jedoch wenig symbolhaft, vielmehr höchst plastisch-drastisch zu: Zum Beispiel kann auf dem Bildschirm ein Gehirntumor operiert werden. Macht der jugendliche Operateur einen Fehler, der zum Tod des Patienten führen würde, wird das Spiel unterbrochen. Es muß also so lange geübt werden, bis die Operation gelungen ist, was angeblich Sensibilität, Mitleid und Verantwortungsgefühl, was ethische Normen vermitteln soll. Eine Antwort auf all die blutrünstigen Videospiele, die detailgetreuen Simulationen des Vietnam- oder des Golfkrieges, bei denen die Kids wohl jegliches Mitleid – zumal mit den dargestellten Personen – verloren haben? Nun soll es mit gleicher Methode wieder antrainiert werden! (*Der Spiegel* vom 29.4.1991). – Doch all diese Behauptungen sind keinesfalls wissenschaftlich gesichert. Obwohl das Fernsehen, die Videos und die Computer seit 30 Jahren die beliebtesten Forschungsobjekte von Pädagogen, Psychologen und Soziologen waren und sind. Marie Winn schrieb «Die Droge im Wohnzimmer», und ungezählte Eltern sorgten sich fortan noch mehr um ihre fernsehsüchtigen Kids, ohne den Medienkonsum jedoch nennenswert einzuschränken. In manchen Familien mutierte der Apparat relativ rasch zum Altar, zum Mittelpunkt des Lebens, zum Ersatz für das Leben, zum allzeit bereiten Babysitter.

Und die Kinder, die von den Pädagogen seit 100 Jahren in konzertierter Aktion mit der Schulpflicht, mit Kurs-Angeboten und Nachmittags-Ideen mühsam «von der Straße» geholt wurden, sitzen mittlerweile stumm, gebannt, isoliert und vereinzelt bis zu 18 Stunden am Wochenende auf dem Sofa vor der Glotze und sind nur äußerst schwer dazu zu bewegen, sich wieder auf die Straße hinauszubegeben. (Zumal diese sich im gleichen Zeitraum extrem kinderfeindlich entwickelt hat.)

Der Titel eines Artikels über die Massenmedien weist uns die Richtung: «Und sie wirken doch... irgendwie» (Karin Böhme-Dürr, 1988). «Irgendwie» heißt: Abgerückt werden muß von der Hoffnung auf eindeutige Ergebnisse der Wirkungsforschung. Langfristig, indirekt, von der Menge und von der Qualität abhängig lassen sich lediglich Tendenzen des Medienkonsums aufzeigen. Zwei Beispiele verdeutlichen die Schwierigkeiten der Untersuchungen. Erstens: 3000 (!) ausgewertete Studien zum Thema «Medien und aggressive Wirkungen» lassen nur den sehr vorsichtig gezogenen Schluß zu, daß Fernsehen Jugendliche aggressiver machen kann, wenn sie bereits vorher zu Aggressionen neigten (Böhme-Dürr, 1988). Zweitens: Viel-Seher von Gewaltvideos sind meist männliche Jugendliche, die in signifikant höherem Maß zu Hause von ihren Eltern Strafen, angstmachende Situationen und körperliche Züchtigungen erfahren oder unter inkonsequentem und gleichgültigem Erziehungsverhalten der Eltern zu leiden haben (Luise Wagner-Winterhager, 1990). Dieses Bedürfnis nach starken «Angstlustreizen», welches sich zudem durch Wiederholungen steigert, kann ein Zeichen sein (nicht unbedingt die Ursache) für eine Abwehr von Depressionen und für ein Vermeiden des Gefühls, unlebendig zu sein. Es kann als Bedürfnis nach Selbstaufwertung und als Flucht vor langweiliger, anreizarmer Umgebung, in der Kinder und Jugendliche keinen Lebenssinn für sich finden, interpretiert werden. Der übermäßige Medienkonsum kann jedoch niemals, dies liegt auf der Hand, lediglich durch Medienpädagogik verringert, sondern nur durch veränderte Lebensmöglichkeiten für Jugendliche nachhaltig korrigiert werden.

Das Problem der Wirkungsforschung ist, daß sie auf Vergleiche angewiesen ist, in diesem Fall also zwischen fernsehguckenden und fernsehabstinenten Kindern. Doch die letzteren gibt es fast nicht. Und die vier Prozent, die nicht fernsehen, sind Kinder von Intellektuellen oder religiös streng gebundenen Eltern, was wiederum einen Vergleich verbietet.

Und sie wirken – irgendwie – doch, die sogenannten neuen Medien. Dummerweise gibt es hier, wie in allen Bereichen der Erziehung, wieder kein Patentrezept, wieviel, wie oft und was die lieben Kleinen sehen dürfen. Wie sollte es das auch geben, denn wirken tun die Massenmedien – irgendwie – immer anders. Da heißt es also, den mühsamen Weg zu gehen und das eigene Kind zu beobachten und nicht nur die Grenzen des Erträglichen immer weiter hinauszuschieben, sondern selbstformulierte Positionen zum Medienkonsum einzunehmen und diese auch tatsächlich durchzusetzen. Es hilft keine Statistik, wenn die Eltern in ihrem Repertoire kein «Jetzt ist Schluß und damit basta!» haben und keine Betätigungs- und Spiel-Alternativen entwickeln helfen. – Im schlimmsten Fall sind die Eltern selbst der Glotze verfallen.

Wie Eltern dieses zeitlose Thema von Macht und Ohnmacht, von Regel und Regelbruch, von Konsequenz und Inkonsequenz handhaben, sei im folgenden angeführt: vom fast vollständig durchgesetzten Nullkonsum bis zum Vielsehen.

Beate Franz, Sachbuchautorin, Jahrgang 1937: «Ich schreibe unter anderem Kinderbücher, habe immer viele Kinderbücher gekauft, auch in der Zeit, als meine drei Töchter klein waren. Sie liefen so nebenher, weil ich sie alleine ernähren mußte. Es blieb mir keine andere Wahl. Ich habe halt immer wahnsinnig viel vorgelesen, auch zeitweilig auf dem Spielplatz für andere Kinder. Das war ihr Schönstes. Dadurch habe ich ganz bewußt das Fernsehen umgehen können. Und wenn sie mal eine Sendung gesehen haben, dann haben wir sie gemeinsam ausgewählt und anschließend besprochen.»

Christine Franz, die 24jährige Tochter: «Daß wir so wenig Fernsehen durften, war nie schlimm. Denn wir bekamen zu Hause unheimlich viele Anregungen. Wir haben mit unserer Mutter gebastelt und gemalt, und sie hat es geschafft, jeden von uns in seinen eigenen Interessen sehr individuell zu fördern. Obwohl wir ja eigentlich kaum Geld hatten, weil unser Vater finanziell ausfiel, haben wir trotzdem tolle Sachen machen können: halt viel Sport, eine Zeitlang bin ich sogar geritten, und viel Künstlerisches. Eine meiner Schwestern ist Malerin geworden. Das mit dem Fernsehen war deswegen nie eine Frage, noch weniger ein Problem.»

Magdalena Belmonte: «Unsere vier Söhne gucken zu Hause nie Fernsehen. Dafür aber sehr aufmerksam, wenn sie bei anderen sind. Da gab es eine hübsche Situation: Wir waren Silvester eingeladen, und alle Kinder, unsere vier und drei Kinder dort, durften ‹Dinner for one› sehen. Die anderen kannten es bereits und guckten gar nicht mehr richtig hin. Unsere hatten das natürlich noch nie gesehen und lachten sich einfach kaputt. Sie lachten so wahnsinnig, bis schließlich die drei einheimischen Kinder und deren Eltern nur noch unsere Kinder und nicht den Fernsehschirm anschauten, weil es ein Vergnügen war, sie so unglaublich lachen zu sehen. Anschließend haben sie diese urkomischen Situationen des Filmes wochenlang nachgespielt. – Wenn sie bei Freunden zu lange gucken, merke ich es sehr genau daran, daß sie nachts wieder ins Bett machen oder zu uns Eltern ins Bett gekrochen kommen und schlecht träumen. Es beschäftigt sie anscheinend tief und langanhaltend. – Bei Besuchskindern, die viel fernsehen, stelle ich immer wieder fest, daß sie sich sehr viel weniger gut beschäftigen können. Sie haben einfach weniger lange Spielphasen, brauchen nichts durchzusetzen oder auszuhalten. Der Fernseher wird oft, auch von den Eltern, als Tröster eingesetzt. Kaum daß sie sich langweilen oder ein kleines Problem beim Spielen auftaucht, kommt schon von den Müttern die Erlaubnis, oft sogar der Vorschlag, sich vor die Glotze zu setzen. Langeweile ist verboten. – Und seltsamerweise, ich weiß nicht, wie es zusammenhängt, ist das Selbstbewußtsein dieser Kinder oft sehr schwach ausgeprägt. Ich kann es mir nur folgendermaßen erklären: Sie holen sich weniger Selbstbestätigung. Es ist auch eine quantitative Frage: einfach, weil sie weniger spielen. Und beim Fernsehen erfährt man keine Aufwertung seiner Person. – Sind diese Kinder für einige Tage alleine bei uns, merkt man richtig, auch bei den Kleinen, die noch keine Uhr lesen können, daß sie zur Fernsehzeit am frühen Abend unruhig werden und anfangen, nach ihrer Sendung zu quengeln. Und da kann das schönste Spiel im Gang sein, sie kriegen quasi Entzugserscheinungen, haben sozusagen eine innere Fernsehuhr eingebaut. Und meine Jungs stehen dann oft völlig verdattert da, manchmal auch gekränkt, weil die anderen abhauen in Richtung Fernseher. – Bei Übernachtungsbesuch, und das geschieht fast ausschließlich und automatisch bei den Vielfernsehkindern, bekomme ich dann die Aufgabe übertragen, den Kindern Kopfhörer ins Ohr zu stekken, damit sie überhaupt einschlafen. An die sind sie offenbar von klein auf gewöhnt.»

Die Gewöhnung an das ständige Hören von Musik mit dem Walkman, diesen Schallkörpern für überall und jederzeit, ist verbreitet. Gesucht wird von den Benutzern eine Aufhellung ihrer Gefühle. Doch dies funktioniert nur so lange, wie das Hör-Erlebnis vorhanden ist. Die enorme Intensität des Hörens direkt am Ohr, quasi ohne Neben- und Störeffekte, kann als Überflutung beschrieben werden und wird von Benutzern als Bewußtseinserweiterung wie beim Drogenkonsum charakterisiert. Auch die sozialen Kontakte verändern sich durch das intensive Hören. Normalerweise beruht das sinnliche Erleben von Kommunikation zu fast gleichen Teilen auf Hören und Sehen. Doch durch die Besetzung des Gehörs wird die Wahrnehmung des Alltags stark verfremdet. «Das Leben wird für den Walkman-Hörer zu einem Kinoerlebnis: Der Realitätsbezug nimmt ab, er kommt sich vor wie der Zuschauer eines Films. Er wird zum Voyeur... und wendet sich von den Ansprüchen der Außenstehenden ab», deren Stimmen er nicht mehr hören kann, deren Gesten mit zunehmender Hör-Trance ihm sinnlos erscheinen müssen, wie die Psychologen Möbius und Annen-Michel (1991) die Folgen beschreiben. Der Walkman-Hörer benutzt zudem die Musik als sogenanntes «Übergangsobjekt» (D.W. Winnicott), also genauso, wie Kinder eine Kuscheldecke oder einen Teddybären handhaben. Dies kann Ausdruck eines infantilen Zustands werden, diese ausschließliche und langandauernde Beschäftigung mit der eigenen Person und dem musikalischen Teddybärersatz.

Ein weiterer Nachteil des Vielsehens ist, daß Körpererfahrungen durch zuviel Sitzen verlorengehen. Körpererfahrung ist Welterfahrung, denn der Körper als «wahrnehmender und handelnder, fühlender und denkender Leib [macht] den ganzen Menschen aus», so der deutsche Gestalttherapeut Hilarion Petzold (1988). Deutlich wird die enge Verbindung von kognitiver und körperlicher Entwicklung allemal bei kleinen Kindern: Laufenlernen bedeutet nicht nur eine enorm wichtige Stufe der Koordinierung aller Gliedmaßen, es bedeutet auch eine neue Sicht in die Welt. Der Blickpunkt ist um einen halben Meter höher, der aufrechte Gang bedeutet eine Zunahme an intellektueller Weltbewältigung: «Dann gab es einen Augenblick, der mir auch noch deutlich in der Erinnerung lebt: als ich mich an der Tischdecke in die Höhe zog, zum ersten Mal auf den Tisch schauen konnte und dort eine ganze Welt von mir unbekannten interessanten Gegenständen erblickte. Kolumbus und seine Seefahrer können nicht gespannter den Wundern der neuen Küste entgegengestaunt haben.» (Gabriele Reuter, 1921).

Gleichzeitig kann Körpererfahrung mit Bestätigungen für das Kind verknüpft sein: Beim ersten Purzelbaum, beim Seepferdchenschwimmschein, beim Sprung von der Mauer wird gelobt und gejubelt, jeder Fortschritt wird gefeiert und beklatscht. Körpererfahrungen sind auch sehr eng mit Rangunterschieden zu anderen Kindern verbunden: Wer noch nicht Radfahren kann, ist noch ein Baby – aus der Sicht eines Radlers. Die Bestätigung des eigenen «Großseins» läßt sich also intensiv und sinnlich durch den Körper erfahren. Zudem sind Körpererfahrungen eine Quelle der Lust, die beim pausenlosen Sitzen nicht nur nicht erreicht, sondern auch als potentielle Möglichkeit der Entspannung, des Frustabbaus aus dem Repertoire verschwindet. Das heißt: Fernsehen verhindert allein durch sein Setting, das reglose Sitzen und Glotzen, in einem hohen Maß Körpererfahrungen und damit intellektuelle und emotionale Befriedigung, die durch nichts anderes ersetzt werden kann. Ein Lernen mit «allen Sinnen» wird durch den Medienkonsum, nicht nur durch mangelhafte Spielmöglichkeiten, lebensgefährliche Straßen, durch die isolierte Wohnsituation von Kindern unmöglich gemacht.

Sabina Morowits, Jahrgang 1955, eine Dolmetscherin und dreifache Mutter: «Ich hasse diese Sprechblasenmentalität bei den Kindern, die keine vollständigen Sätze zustande bringen. Unsere Nachbarin zum Beispiel sagt zwar, daß ihr vierjähriger Sohn nur einen einzigen Film am Tag sehen darf. Wie macht man das eigentlich, wenn der Fernseher die ganze Zeit sowieso läuft? Ich lehne auch kategorisch Kassettenrecorder im Kinderzimmer ab. Was hat das für einen Sinn – diese ständige Berieselung? Noch niemand hat mir da je ein positives Argument geliefert. Unsere drei Kinder sind sehr ruhige Spielkinder und ziemlich phantasievoll. Wir sind gerade in eine andere Stadt gezogen und haben jetzt in der Nachbarschaft eine Horde von Gleichaltrigen. Und die Mütter stehen sozusagen Schlange, um unsere beiden Großen, die sieben und neun sind, zu sich einzuladen. Dann, so sagen sie, haben sie nämlich einen friedlichen Nachmittag ohne Aggressionen vor sich. Natürlich bin ich ein bißchen stolz darauf, andererseits finde ich die Mütter reichlich unbedarft: Was sie nicht zustande bringen bei ihren eigenen Kindern, wollen sie durch unsere erreichen. Sie haben wohl die vage Hoffnung, daß die Fähigkeit, schön spielen zu können, ansteckend ist. Bis zu einem gewissen Grad stimmt es vielleicht. Aber sie realisieren nicht, daß die ausgeprägte Spielfähigkeit meiner Kinder das Ergebnis von ziemlich vielen Gedanken meinerseits und reichlich mühsam durchgehaltener Konsequenz ist. Doch eine inkonsequente Haltung ist wahrscheinlich genauso mühsam und, nach meinen Erfahrungen mit Dutzenden von Kindern, mit viel mehr Ärger und Nervungen verbunden. – Wenn fremde Kinder bei uns sind, hat noch niemals eines moniert, daß es weder Recorder noch Fernsehen gibt. Und diejenigen, die ab drei Jahren nur mit Musik im Ohr einschlafen, sind auch die, die keinen normalen Satz reden können. Ich denke, das liegt am mangelnden Einsatz der Eltern. Es ist die pure Ruhigstellung: Schnuller oder Gummibärchen in den Mund gestopft, Kopfhörer auf, Mattscheibe an, und das Kind ist still. Und das heißt allemal auch mundtot gemacht.»

Erna Fischer, eine sehr mütterliche, ältere Waldorfkindergärtnerin, kann aufgrund ihrer langen Erfahrungen mit Kindern schon frühmorgens Differenzen feststellen: «Die meisten unserer Kinder müssen von ihren Eltern mit dem Auto in den Kindergarten gebracht werden. Schon wenn die Kleinen ankommen, sehe ich genau an ihrem Gesichtsausdruck, ob im Auto das Radio gelaufen ist oder nicht. Diejenigen, die Radio gehört haben, sind viel wacher, vielleicht auch ein wenig energischer, manche aggressiver, obwohl dies bei uns kein großes Problem ist. Die anderen hängen noch ihren Träumen nach, sind anschmiegsamer, noch nicht ganz in dieser Welt. Was wir überhaupt fördern, denn eine unserer Erziehungsvorstellungen ist ja, sie so lange als möglich in ihrem eigenen magischen, träumerischen Bereich zu belassen, sie nicht mit Pauken und Trompeten da herauszureißen. Vielleicht ist es ein passender Vergleich: Sie sollten auch nicht jeden Morgen mit Radau und Radiomusik geweckt werden. Sie sollten so lange als möglich noch die Freiheit haben, ihren eigenen Schwingungen nachzuhängen.»

Mechthild Bellmann: «Wir hatten bisher ganz bewußt keinen Fernseher. Haben ihn selbst nicht vermißt und, so glaube ich, etliche nervende Diskussionen mit den Kindern vermieden. Die Kinder wurden in der Schule tatsächlich gehänselt, weil sie nicht mitreden konnten. Marie-Anne hat es nicht viel ausgemacht, Konrad erst mit 14. Und dann haben wir einen Apparat gekauft. Jetzt guckt er ungefähr eine Stunde am Tag, meistens Sport, was mich wundert. Denn mit 12 las er bereits den ganzen *Spiegel* und war politisch voll informiert. Das ist zur Zeit vorbei. – Ich glaube, während der

Grundschule bekamen sie ihren ersten Kassettenrecorder. Aber ich habe immer aufgepaßt, daß sie nie mehrere Sachen hintereinander hörten. Eine Geschichte und dann erstmal eine lange Pause. Platten fand ich damals besser. Da mußten sie sich nämlich hinsetzen und richtig hinhören. Das war nicht diese Nebenbeiberieselung, sondern ein bewußter Akt. Sie hatten auch schöne Platten über Musiker und Maler und Märchenplatten.»

Marie-Anne Bellmann, die 17jährige Tochter: «Ich hätte es schrecklich gefunden, wenn wir einen Fernseher gehabt hätten. Ich konnte nämlich toll phantasievoll spielen. Mit 13 Jahren noch mit Puppen und so. Mir war das damals schon deutlich, daß die Freundinnen, die viel ferngucktcn, weniger Ideen hatten. Doof fand ich auch, daß sie immer gegen sechs Uhr zur ‹Sesamstraße› einfach weggingen.»

Manuel Schuhmann, neun Jahre: «Ich darf eine Sendung am Tag gucken. Meistens gucke ich aber gar keine. Aus Lesebüchern kann man viel mehr lernen, im Fernsehen höchstens aus Tiersendungen. Krimis finde ich langweilig, weil da doch die Menschen so viel machen, was sie im richtigen Leben nicht tun. In der Klasse gibt es viele, die alles gukken dürfen. Auch mein Freund Stefan Müller. Aber die anderen sind auch nicht sehr schlau. Weil... die können relativ schlecht lesen, weil sie immer nur glotzen. Wenn man liest oder mit den Eltern sich unterhält oder in der Schule was Freiwilliges macht, finde ich das besser als fernsehen. Außerdem haben wir einen Umweltclub. Da sammeln wir Sachen auf. Und zweimal sind wir in den Teich im Stadtpark gefallen, weil wir eine Coladose rausfischen wollten. Macht mehr Spaß. Und man wird intelligenter als durch Fernsehen. Ich glaube auch, daß Stefan glücklicher wäre, wenn er besser lesen könnte.»

Stella Schuhmann, die Mutter von Manuel: «Mein Mann und ich gucken selbst nicht, aber die Kinder dürfen eine

Sendung pro Tag sehen. Wenn Manuel mehr als eineinhalb Stunden mal guckt, ist er ausgepowert, übellaunig und richtig blöd im Kopf. Mir kann niemand erzählen, daß die Konzentrationsstörungen bei Kindern nicht vom Fernsehen kommen. Nicht monokausal, aber natürlich auch dadurch. Manuel beklagt sich nicht über die Einschränkung. Wir hatten vor einiger Zeit darüber eine richtige Familienkonferenz gemacht und es ausdiskutiert. Er ist voll damit einverstanden. – Freunde, deren Kinder immer den Aus-Knopf nicht finden und wo es ewig und drei Tage Streit darum gibt, praktizieren folgendes mittlerweile ganz erfolgreich. Sie nehmen interessante Tier-, Umweltfilme und Märchensendungen auf Videokassette auf, und dann dürfen die Kinder einen einzigen Film sehen, und danach ist Schluß. – Wir als Eltern empfinden das nicht als Verbot, sondern als Regulierung. Wir regulieren ja auch die Zubettgehzeiten, den Colaverbrauch und das Taschengeld. – Hinzu kommt, daß wir uns immer den Abend freihalten von den Kindern, weil wir es für uns beide nötig brauchen. Ab 20 Uhr ist Feierabend und damit basta. Eigentlich akzeptieren die Kinder es, natürlich gibt es auch mal Auseinandersetzungen. Aber die pädagogische Erfahrung lehrt ja immer wieder: Wohinter ich als Elternteil absolut stehe, das können die Kinder auch verstehen und annehmen. Da ich ja anti-autoritär erzogen wurde, fällt es mir schwer, Grenzen zu setzen. Aber die eigene Empirie zeigt, daß die Kinder es wollen. Manuel liest zum Beispiel zu viele Comics. Deswegen machen wir manchmal ein Comicverbot für eine Woche. Komischerweise ist er zufrieden dabei und stürzt sich begeistert auf Abenteuerbücher. Er wartet richtig drauf, weil er selbst die Kurve nicht kriegt. So wie viele Erwachsene, die Silvester immer die guten Vorsätze fassen.»

Lisa Behlow-Hasenklever, deren Sohn fünf ist: «Olaf hat zwei Kassetten. Eine hat ihm mein Mann zu meinem großen

Zorn gekauft. Ich wollte damit nämlich gar nicht erst anfangen. Aber sie ist wirklich schön, ‹Pippi Langstrumpf› von Astrid Lindgren. Und dann hat ihm noch eine Tante eine selbst bespielt mit Kinderliedern. Sie ist Sängerin. Die beiden darf er im Wohnzimmer anhören, also wird dadurch eine Extrasituation arrangiert, was zweifellos den Genuß erhöht. Bei Kindern, die viel Kassetten hören, merkt man sehr deutlich beim Vorlesen, daß sie nicht mehr richtig zuhören können und tausend Sachen nebenbei machen müssen.»

Nadine Karl, 25: «Bixi hat Videos mit den Heidi-Geschichten drauf. Die kennt sie zwar alle schon von den Erzählungen der Kassette, aber ich finde es sinnvoll, daß sie sie mal sieht. Es ist doch interessanter zu sehen als nur zu hören. Und daß sie den Unterschied erlebt. Natürlich würde ich ihr einen eigenen Fernseher schenken, wenn das Programm sich ändern würde. Deswegen finde ich im Moment noch Videos besser, da gibt es hübsche Geschichten.»

Auch Jane Dennull macht einen zeitgemäßen Unterschied: Der Vergleich stellt sich nicht mehr zwischen dem gesprochenen, dem erzählenden Wort und dem Vorlesen eines Bilderbuches, nein, jetzt geht es um die Frage: Audio- oder Video-Kassette? «Moritz will Fernsehen schauen, schauen, schauen – und Videokassetten sehen. Ich fände es schöner, wenn er mehr Ton-Kassetten hören würde, das baut die Phantasie mehr auf. Mein Mann läßt ihn mehr gucken. Und daß er die Nachrichten sieht, ist nicht zu vermeiden. Obwohl ich es nicht richtig finde. Er ist kein geduldiges Kind und hat schnell schlechte Laune. Aber Fernsehen ist halt Teil unseres Lebens, kann man nicht wegdichten, sollte es höchstens einschränken.»

Antonia Weber: «Wenn mein achtjähriger Sohn emotionale Trockenzeiten hat, dann wird die Kiste angeschmissen. Schrecklich, dieses Channel-hopping. Da geht das Stimmungsbarometer ungeheuer abwärts. Aber ich will, daß er seine Erfahrungen macht. Ich versuche nur, durch Kommentare und Beispiele zu regulieren, sage ihm auch, daß ich eine Sendung bescheuert finde und daß er schon sieht, was er davon hat, nämlich total schlechte Laune. Auch ist er anschließend viel zu müde, um anderes zu tun, hängt herum, schlimmer als vorher, und kann sich einfach für nichts entscheiden. Danach dem etwas entgegenzusetzen, also Spielvorschläge sich auszudenken, ist unmöglich. Höchstens vorher. Am Wochenende sieht er schon Zeichentrickfilme morgens um acht Uhr. Heute hatte er einen heftigen Schularbeitsnachmittag, da habe ich ihm erlaubt, daß er in einer Pause für eine halbe Stunde mal Fernsehen guckt.» Zum Frühstück Fernsehen, zur Entspannung, zur emotionalen Aufladung, zur Einsamkeitsbekämpfung, zwischen den Schularbeiten – immer das gleiche Mittel, als gäbe es keine Unterschiede bei den individuellen Bedürfnissen.

Uwe Schwarz, der Vater des neunjährigen Lukas: «Wenn Lukas Fernsehen guckt, malt oder ißt er zwischendurch. Meine Frau ist darüber sehr wütend, weil sie sagt, daß das seine Unkonzentration noch verstärkt. Er kann auch nicht gut spielen und sucht immer eine Geräuschkulisse. Er mag oft nicht alleine in seinem Kinderzimmer sein, während ich in meinem Zimmer arbeite.»

Roger Bans, ein Lehrer, resigniert und in seinem 68er-Engagement zutiefst frustriert: «Als Lehrer merkt man sehr genau, wieviel die Kinder am Abend zuvor gesehen haben. Mit ihnen ist dann wenig anzufangen. Und am Montag herrscht das ‹Montags-Syndrom›, wie es in der pädagogischen Literatur so schön heißt. Da kann man den ganzen Unterricht vergessen, weil die Kinder so vollgedröhnt mit Bildern im Kopf sind, daß nur noch Terror herrscht. Schon bei den Erstkläßlern fängt das an: Der Montag ist eine Strafe für jeden engagierten Lehrer. Ich habe dann das Gefühl, als sollte ich Rudi Carrell spielen, aber da ihnen meine Version nicht gefällt, schalten sie ab, treten sie weg oder machen Radau. – In den Waldorfschulen wird diese ‹Wirklichkeit aus zweiter Hand› ja weitgehend abgelehnt, wenn auch vielleicht nicht konstant durchgehalten von den Eltern. Aber jedes Mehr an Schülerkonzentration wäre eindeutig ein Gewinn.»

Matthias Debrowski: «Wir haben einen Fernseher, einen schrecklich alten schwarzweißen, der auf dem Dachboden steht. Es gibt also eine Menge Hindernisse, bis man ihn funktionstüchtig hat: ihn herunterholen, Stecker suchen, Programm einstellen, hinterher wieder wegstellen. Es ist also nicht so, daß man aus Langeweile mal eben den Knopf drückt, vielmehr ist es ein Hindernislauf mit Tücken.

Unsere Kinder gehen ja alle auf die Rudolf-Steiner-Schule. Da wird viel gelogen, wenn es ums Fernsehen geht. Alle Eltern behaupten: Ja, ja, Fernsehen ist böse, und ihre Kinder würden nie gucken. Die Tatsachen sehen aber ganz anders aus. Es wird auch nicht sachlich genug diskutiert. Viel zu emotional. Wenn man den Eltern mal auseinandersetzen würde, wie tödlich diese schnellen Schnittfolgen für kleine Kinder sind, weil sie nur diffus etwas mitbekommen, würden die Eltern das auch begreifen. Denn Kinder leben in anderen Zeiteinheiten, und die werden nachhaltig gestört. Meiner Ansicht nach hängt dies alles mit dem schlechten Gewissen der Eltern zusammen, wenn sie bei keinem Lebensaspekt mehr nein sagen können. Schlechtes Gewissen wegen Zeitmangel, mehr noch, weil die Kinder um ihrer selbst willen vielleicht doch nicht gewollt sind. Einzelkinder und ungewollte Kinder sind zwar keine Synonyme, aber das liegt oft nah beieinander. Man kann es beobachten, daß ungewollte Kinder immer in einer gewissen Spannung leben und natürlich schrecklich verwöhnt und verzogen werden. Auf beiden Seiten entsteht diese Beweislast: Die Eltern müssen sich selbst beweisen, daß sie das Kind lieben. Das Kind muß beweisen, daß es dieser Ersatzliebe würdig ist. Und natürlich merken die Kinder, daß sie sozusagen nur ‹ausgehalten› werden. In der zweifachen Bedeutung des Wortes: Die Eltern halten nur mühsam die kindlichen Bedürfnisse nach nichtmaterieller Zuwendung aus. Und da lenkt das Fernsehen wunderbar ab. Eltern versuchen, sich freizukaufen; das Kind wird also ‹ausgehalten› wie eine Prostituierte von ihrem Freier.»

Bei Kindern, die viel fernsehen, kann man einen Ausdruck, einen Blick beobachten, der in die Ferne gerichtet ist. Und dort bleibt. Selbst wenn eine Person, die sie kennen, ins Zimmer tritt, als Besuch angereist kommt, wird sie nicht wahrgenommen. Und das keineswegs, weil die Kinder gerade so schön spielen oder beschäftigt sind. Das hat auch eine andere Dimension als die der Höflichkeit. Der Besuch kann nicht mehr erwarten, als Mensch, als Mitmensch angesehen zu werden. Ihr Verhalten vermittelt den Eindruck, als würde ihre Kontaktaufnahme zu der unvermittelten Person auf der gleichen Ebene von Distanz ablaufen, wie sie vermittelte Fernsehpersonen betrachten. Es ist schwierig zu beschreiben: Die Kinder reagieren quasi blicklos, haben einen leeren Blick oder blicken durch den anderen hindurch, was an autistische Kinder erinnert, die völlig den Kontakt verweigern. Das Fernsehen reduziert ja die Realität auf eine Zweidimensionalität, auf Zeichen immer im gleichen Abstand von zwei Metern, auf derselben Ebene, auf das Bildschirmformat. Es ist eine abstrakte Ebene. Und eine einseitige, denn die Kinder reagieren, sie agieren nicht. Kinder, die die Welt, die alles Aufregende in ihrem Leben ausschließlich oder überwiegend in dieser Dimension erfahren, können sich offenbar nur schlecht umstellen auf einen richtigen Menschen, den man anfassen, spüren, riechen, fühlen, mit dem man sprechen könnte. – Wenn der Kasten abgeschaltet wird, setzen sie sich mit verschlossenem, um nicht zu sagen versteinertem Gesicht in ihr Kinderzimmer ab. Sie haben offensichtlich das Bedürfnis nach lebendigem Kontakt tief in sich begraben, oder sie können dieses Bedürfnis nicht mehr jederzeit, nicht kurzfristig hervorholen und sich selbst dem aussetzen. Natürlich sind Risiken damit verbunden, denn der lebende Mensch agiert schließlich nicht nach vorhersehbarem Plan, nicht eingesperrt in diesen Kasten. Er könnte nahkommen, offensichtlich zu nah! – Seit Anna Freud, seit René A. Spitz, seit Jean Piaget, also seit bald einem Jahrhundert weiß man, daß die Entwicklung der kindlichen Gefühlswelt absolut wichtig ist. Früher unterdrückte man sie mit Prügel, Ignoranz, Strenge und absurden Regeln, heute stärker mit Laissez-faire, Abweisung und den laufenden Bildern.

Später, wenn in dem einen oder anderen Fall eine Psychotherapie zur Korrektur der Pädagogik notwendig sein wird, wird sich die therapeutische Arbeit immer schwieriger gestalten, einfach deswegen, weil die kindlichen Gefühle in einem extrem frühen Stadium mit Millionen von fremden Bildern zugedeckt wurden.

Der französische Kulturphilosoph Jean Baudrillard hat den Begriff des «Virtuellen» ins Zentrum seines Denkens gerückt. Virtuell ist etwas, das entsprechend seiner Anlage als Möglichkeit vorhanden ist, das die Möglichkeit zu etwas in sich begreift. Auch unsere Welterfahrung reduziert sich zusehends auf eine Erfahrung aus zweiter Hand. Wir erleben weite Ausschnitte einer virtuellen Wirklichkeit nur noch indirekt, durch die Medien vermittelt (*Spiegel* 6, 1991).

Nachwort: Erziehung trotz des Konsumrausches

Zugegeben, dieses Buch ist aus einer gewissen Wut entstanden über das, was ich in Kinderzimmern, Kleiderschränken, aber besonders auch in den Köpfen von Großeltern, Eltern und Kindern vorgefunden habe – speziell auch bei ehemaligen Linken, bei Altachtundsechzigern. Viele der Gespräche, die ich geführt habe, haben mich deprimiert. Selbst wenn es ketzerisch klingt, möchte ich auf einen augenfälligen Zusammenhang hinweisen zwischen dem erzieherischen Bemühen und einem eher als konsumkritisch zu bezeichnenden Verhalten auf der einen Seite sowie einer pädagogischen Laissez-faire-Position und intensivem Konsum auf der anderen Seite. Bei denen, die sich Gedanken um die eigenen Ideale, die Inhalte, die Methoden von Erziehung machen, die man also als ambitionierte Eltern bezeichnen könnte, ist das Konsumverhalten in der Tendenz gebremster, manchmal jedoch auch nur schamhaft versteckt. Bei extremen Beispielen der anderen Gruppe ist allein der zeitliche Aufwand bemerkenswert, der – nach eigenen Angaben – darauf verwandt wird, Artikel zu suchen, anzugucken, auszuwählen, Vergleiche anzustellen, also den gesamten Konsumakt zu vollziehen. Um vorher, aber auch nachher ausführlich noch darüber zu reden. Gerade diese Sprechbereitschaft über Fragen des Konsums bildet bei etlichen Familien einen krassen Kontrast zu einer Sprachlosigkeit und Naivität in Erziehungsfragen. – All diese Eindrücke sind natürlich subjektiv, denn eine objektivierende Umfrage gibt es zu dem gesamten Komplex des Konsums meines Wissens nicht (und könnte wahrscheinlich auch nur je Einzelaspekte erfassen). Die sehr begrenzte Anzahl der von mir befragten Personen läßt zudem lediglich Trends sichtbar werden.

Bei Büchern zu Fragen der Erziehung entsteht immer wieder das Problem: Wenn sie Rezepte und Ratschläge enthalten, können sie als anmaßend abqualifiziert und übergangen werden. Enthalten sie jedoch keine Rezepte, werden sie etliche Leserinnen und Leser enttäuschen. In der Pädagogik ist es jedoch genauso wie in der Psychologie: Es gibt zwar allgemeine menschliche Gesetzmäßigkeiten, doch der individuelle Fall sieht immer ganz anders aus und will gerade nicht in das just aufgestellte Schema passen. Also bleibt den Eltern nichts anderes übrig, als den mühsamen Weg der Eigenbeobachtung, der eigenen Empirie zu beschreiten und sich selbst und die Kinder anzusehen. Es gilt, die Folgen des pädagogischen Verhaltens zu registrieren, Verbindungslinien zwischen scheinbar entfernten Fakten herzustellen. Ein Beispiel: Wenn ein fünfjähriges Kind erneut wieder mit Bettnässen beginnt, muß nicht unbedingt eine gestörte Mutter-Kind-Beziehung, muß nicht ein Drama vorliegen. Die Ursachen können viel banaler sein, aber gerade wegen ihrer Banalität auch leicht übersehen werden. Es könnte ganz simpel am Fernsehen liegen. Auch wenn das Kind bestimmte Sendungen bereits oft «unbeschadet» gesehen hat, heißt das noch lange nicht, daß niemals eine auffällige Reaktion erfolgt. Deswegen wäre es sinnvoll, bei solch einer nächtlichen Störung wie dem Bettnässen erst einmal den Alltag des Kindes zu überprüfen und ihn – nicht nur für einen oder zwei Tage, sondern für ein, zwei, drei Wochen – anders zu gestalten, um eventuelle Ursachen in der unmittelbaren Umgebung zu finden. Beim Aufspüren möglicher Gründe kann eine erprobte Methode helfen: Wenn man sich nämlich ehrlich fragt, wie dieses oder jenes auf einen selbst in vergleichbarer Situation wirken würde. Diese Frage zielt darauf, positive und negative Folgen einer Verhaltensweise herauszufiltern, und umfaßt völlig andere Dimensionen als die Frage, ob es lediglich nichts geschadet habe. Wobei davon ausgegangen werden kann, daß die rasche Antwort: «Ach, mir haben die vielen Krimis (oder: die Prügel, das Ausgehverbot und so weiter) auch nichts geschadet» nur an der Oberfläche bleibt, ohne wirklich geleistete Einfühlung in die eigene Emotionalität.

Es gibt keine pädagogischen Rezepte, es gibt nur je individuelle Entscheidungen. Ebenso ist niemals eine eindimensionale Erklärung eines Konfliktfalles denkbar. Eine Situation aus dem therapeutischen Bereich macht dies deutlich: Wenn ein Kind zum Beispiel Schwierigkeiten in der Schule hat und wenn es bei den Hausaufgaben regelmäßig zu Kämpfen mit den Eltern kommt, gehen diese vielleicht irgendwann einmal zu einem Familientherapeuten. Doch der schaut sich keineswegs nur das «Problemkind» an, vielmehr sieht er das gesamte Bezugssystem Familie. War der Vater vielleicht ebenfalls ein Schulversager und versucht nun, seine eigenen traumatischen Kindheitserlebnisse dem eigenen Kind zu «ersparen»? Aber er schafft dies, aus Hilflosigkeit, nur mit Schimpfen und dem Vermitteln von Schuldgefühlen. Ist die Mutter vielleicht Grundschullehrerin gewesen, weswegen sie der Ehrgeiz beutelt, ein «gutes» Schulkind zu haben? Deutlich wird bereits an dieser Skizzierung, daß das sogenannte Problemkind in einem atmosphärischen Spannungsfeld zwischen den Eltern sitzt und die Traumen und den Ehrgeiz seiner Eltern «abarbeiten» soll. Außerdem kocht es noch sein eigenes Trotzsüppchen bei diesem Thema, was exakt 33 Prozent des Problems ausmacht. Denn, und davon sind die Familientherapeuten überzeugt, die Verantwortungsteile sind in der Familie ausgeglichen, da ist niemand weniger «schuld» als der andere, selbst Kleinkinder können schon ungemein viel Macht ausüben. Zudem hat jede Störung auch ihre positiven Seiten. Diese nicht zu berücksichtigen würde heißen, gegen Windmühlenflügel anzukämpfen, denn gerade auf die als positiv erlebten Folgen auch eines Konfliktes möchte niemand freiwillig verzichten. Bei unserem kurzen Beispiel könnten die positiven Momente sein, daß die Tochter die intensive Zuwendung durch ihre Eltern beim Hausaufgabenmachen insgeheim genießt, der Vater derweil seine eigene Kindheit durch die Wiederholung bearbeitet und die Mutter ihren auf die eigene Person bezogenen Ehrgeiz nun mit der Tochter auszuleben sucht.

Gerade Therapien machen immer wieder deutlich, daß jeder nur sich selbst und nicht den anderen zu ändern vermag. Denn für den Versuch, die anderen zu verändern, dafür hat die Menschheit schon unendlich viel Blut, Schweiß, Tränen und vergebliche (Liebes-)Mühe aufgewandt. Funktioniert hat es nie! Wenn ich bei mir beginne, dann wird sich jedoch automatisch auch die gesamte Situation ein wenig anders gestalten. Wenn ich anders spreche, reagiere, zuhöre, beobachte, fördere, erbitte und von mir anderes zu geben und zu zeigen bereit bin, dann werden sich meine Mitmenschen neu verhalten müssen. Wahrscheinlich noch nicht so, wie ich es mir insgeheim wünsche, aber das liegt dann lediglich daran, daß ich mir die Veränderungen nur mit dem klammheimlichen Ziel abverlangt habe, die Familie über diesen scheinbar aufopferungsvollen Umweg erneut zu manipulieren. Das läßt sich jedoch in keinem Fall verheimlichen, ob ich es will oder nicht. Das Fazit: auch Veränderungen im Konsumverhalten können nur in mir selbst ihren Anfang nehmen. Es geht also nicht darum, daß ein Ehemann seiner Frau androht: «Dieses Konsumbuch schenke ich dir garantiert zu

Weihnachten!» Und sie erzürnt kontert: «Aber nötiger hast du es allemal!» Der Wortwechsel macht deutlich, daß in dieser Familie wahrscheinlich keinerlei Veränderungen passieren werden, solange nämlich niemand die Verantwortung für die eigenen Anteile (und seien sie subjektiv noch so gering) übernimmt.

Dieses Buch soll in erster Linie Mut machen, und deswegen berichtet es auch von zahlreichen glücklichen Eltern und glücklichen Kindern, die zu vernünftigen, pragmatischen und phantasievollen Lösungen der je unterschiedlich gelagerten Konsumbedürfnisse gekommen sind. Denn es geht um einen sinn- und geistvollen Umgang mit den Verlokkungen, mit den phantastischen Möglichkeiten des Genusses – wenn man nur fähig ist, ihn zu genießen. Gleichzeitig wird dafür plädiert, die Konsum- und Geldfragen auf rationale Beine zu stellen und – nur ein scheinbares Paradoxon – mehr Emotionalität beim Genießen zu wagen. Das funktioniert, wenn man das Gießkannenprinzip der materiellen Berieselung zu vermeiden sucht, zugunsten von stärker emotional besetzten Genußbereichen, von bewußt eingesetzten und gesuchten Highlights. Ein ganz simples Beispiel: Jeden Tag à la Nouvelle cuisine zu essen, das verträgt kein Mensch. Wenigstens zwischendurch verlangt wohl jeder nach emotional besetzten Eßgenüssen, die er aus seiner Kindheit, seiner kulturellen Umgebung, seinem Heimatland, von früheren Festen gewohnt ist. Das können Spaghetti ebenso sein wie ein Schwarzbrot mit Zucker, Weißwürste, Labskaus oder Grießbrei. Die Hauptsache dabei ist das, was mit der Materie mitgeliefert wird: die Erinnerungen. So wie viele Erwachsene emotional sehr stark die Ausnahmesituationen im Wochenablauf ihrer Kindheit besetzt haben und sich voll Sehnsucht an das Sonntagsessen und den Samstagsabendkakao erinnern. Und dies ist ebenfalls ein Widerspruch zum Gießkannenprinzip, bei dem keine Ausnahmen gemacht werden, wo es immer alles, überall, für alle gleichermaßen, jederzeit und überhaupt zu haben ist.

Ein weiteres pädagogisch sinnvolles Konzept (und dies besteht erst einmal ausschließlich im Kopf und bezieht sich immer nur auf die eigene Person) ist die Transparenz, die Klärung der Motive für das eigene Handeln. Es tut manchmal ein bißchen, oft sogar sehr weh, sich Rechenschaft über eigenes Tun abzulegen. Aber das ist notwendig, um zu erkennen, wie oft gerade Konsumdinge, wie oft die materielle Großzügigkeit mangelnde Zuwendung und ein schlechtes Gewissen ersetzen muß. Das kann in dem einen oder anderen Fall absolut in Ordnung sein, doch als Dauerverhalten, als permanente Lückenfüller oder als Grübelprophylaxe taugen sie nur begrenzt, zeitlich begrenzt. Denn ein Ersatz bleibt auch in der schönsten Designerverpackung ein Ersatz.

Literatur

Adorno, Theodor W.: Minima Moralia, Reflexionen aus dem beschädigten Leben, Frankfurt / M. 1950

Anders, Günther: Die Antiquiertheit des Menschen I. Über die Seele im Zeitalter der zweiten industriellen Revolution, 1. Aufl. München 1956

Ariès, Philippe: Geschichte der Kindheit, München 1978

Beauvoir, Simone de: Das andere Geschlecht. Sitte und Sexus der Frau, 1. Aufl. Reinbek 1951

– Memoiren einer Tochter aus gutem Hause, 1. Aufl. Reinbek 1960

Beer, Marie-Anne: Der geschulte Blick und die Fata-Morgana der Sinnlichkeit, in: *Bildschirm* – Faszination und Information, Velber 1985

Böhme-Dürr, Karin: Und sie wirken doch... irgendwie, in: *Psychologie heute*, 3, 1988

Bolliger, Max, und Jürg Obrist (Illustrationen): Heinrich, München 1981

Borneman, Ernest: Psychoanalyse des Geldes, Frankfurt / M. 1973

Bredow, Ilse Gräfin von: Kartoffeln mit Stippe. Eine Kindheit in der märkischen Heide, München 1979

Csikszentmihalyi, Mihaly: Das flow-Erlebnis. Jenseits von Angst und Langeweile: im Tun aufgehen, Stuttgart 1987

Csikszentmihalyi, Mihaly, und *Eugene Rochberg-Halton:* Der Sinn der Dinge. Das Selbst und die Symbole des Wohnbereichs, Weinheim 1989

Ernst, Heiko: Gesund ist, was Spaß macht, in: *Psychologie heute*, 1, 1990

Fatio, Louise und *Roger Duvoisin:* Eine Puppe für Marie, Freiburg 1959
Flitner, Andreas: Spielen. Lernen. Praxis und Deutung des Kinderspiels, München 1973
Fontane, Theodor: Modernes Reisen. Eine Plauderei, in: Werke, Schriften, Briefe, 7. Bd., München–Wien 1984
Fraiberg, Selma: Die magischen Jahre in der Persönlichkeitsentwicklung des Vorschulkindes, Reinbek 1972
Fromm, Erich: Die Kunst des Liebens, Frankfurt/M. 1956
– Haben oder Sein. Die seelischen Grundlagen einer neuen Gesellschaft, Stuttgart 1976
Goethe, Johann Wolfgang von: Aus meinem Leben. Dichtung und Wahrheit. Erster Teil, zweites Kapitel
Girtler, Roland: Die feinen Leute. Von der vornehmen Art, durchs Leben zu gehen, Frankfurt/M. 1989
Glaser, Hermann: Vorwort zu dem Katalog «Schock und Schöpfung, Jugendästhetik im 20. Jahrhundert», Darmstadt 1986
Heller, André: Der Einfall touristischer Horden führt zur Ausrottung des Schönen, in: *Süddeutsche Zeitung*, 7. 11. 1989
Horx, Matthias: Die wilden Achtziger. Eine Zeitgeist-Reise durch die Bundesrepublik, München 1987
– Aufstand im Schlaraffenland. Selbsterkenntnisse einer rebellischen Generation, München–Wien 1989
Hurrelmann, Klaus und *Uwe Engel:* Psychosoziale Belastung im Jugendalter, Berlin 1989
Kaysel, Roger: Kinder-Werbung, Schweizer Kindermuseum Baden 1990
Klier, Freya: Lüg, Vaterland. Erziehung in der DDR, München 1990
König, René: Macht und Reiz der Mode, Düsseldorf 1971
Krockow, Christian Graf von: Die Heimkehr zum Luxus. Von der Notwendigkeit des Überflüssigen, Stuttgart 1989
Kunz, Torsten: Bewegungsanalphabeten, in: *Psychologie heute*, 5, 1991
Lagerlöf, Selma: Marbacka. Jugend-Erinnerungen, München 1924
Livingston, Nancy: Ihr Auftritt, Mr. Pringle!, Reinbek 1989
Ludwig, Klemens, Michael Has, Martina Neuer (Hg.): Der neue Tourismus. Rücksicht auf Land und Leute, München 1990

Maaz, Hans-Joachim: Der Gefühlsstau. Ein Psychogramm der DDR, Berlin 1990

Mann, Thomas: Doktor Faustus. Das Leben des deutschen Tonsetzers Adrian Leverkühn, erzählt von einem Freunde, Berlin 1952

Marlovits, Andreas Maria: Der Leib als Erfahrung, Graz 1989

Mattenklott, Gert: Der übersinnliche Leib. Beiträge zur Metaphysik des Körpers, Reinbek 1982

Merten, Betty / Lewinsohn, Peter: Eitelkeit macht depressiv, in: *Psychologie heute*, 11, 1990

Möbius, Horst / Annen-Michel, Barbara: Der Walkman: Dem Alltag Farbe geben, in: *Psychologie heute*, 5, 1991

Opaschowski, Horst W.: Arbeit, Freizeit, Lebenssinn, Opladen 1983

– Konsum in der Freizeit. Zwischen Freisein und Anpassung, Hamburg 1987

Orlovius, Anita: Jugend erlebt Europa. Psychologische Studien über die Wahrnehmung der Fremde, Starnberg 1989

Parnass, Peggy, in: Erika Runge: Frauen. Versuche zur Emanzipation, Frankfurt / M. 1970

Pasolini, Pier Paolo: Freibeuterschriften. Aufsätze und Polemiken über die Zerstörung des Einzelnen durch die Konsumgesellschaft, Berlin 1988

Petzold, Hilarion: Psychotherapie und Körperdynamik, Paderborn 1988

Postman, Neil: Das Verschwinden der Kindheit, Frankfurt / M. 1983

Prekop, Jirina: Der kleine Tyrann. Welchen Halt brauchen Kinder? München 1988

Reuter, Gabriele: Vom Kinde zum Mensch. Die Geschichte meiner Jugend, Berlin 1921

Rousseau, Jean-Jacques: Emile oder Von der Erziehung. München 1979

Russell, Bertrand: Eroberung des Glücks. Neue Wege zu einer besseren Lebensgestaltung, Frankfurt / M. 1978

Saint-Exupéry, Antoine de: Der Kleine Prinz, Düsseldorf 1961

Scherbaum, Gerd, Lucia Reisch, Gerhard Raab: Kaufsucht. Bericht über eine empirische Untersuchung, Stuttgart 1990

Schiller, Friedrich von: Über die ästhetische Erziehung des Menschen in einer Reihe von Briefen, München 1976
Schmidbauer, Wolfgang: Weniger ist manchmal mehr. Zur Psychologie des Konsumverzichts, Reinbek 1984
Schwarzer, Alice: Dünne machen, in: Durch dick und dünn, *Emma*-Sonderband, Köln 1985
Sommer, Carlo Michael und *Thomas Wind:* Jugend-Stil. Wie Minderheiten Mode machen, in: *Psychologie heute*, 10, 1985
Szczesny-Friedmann, Claudia: Die kühle Gesellschaft. Von der Unmöglichkeit der Nähe, München 1991
Teske, Carola: Konsumverhalten von Jugendlichen als freizeitpädagogische Herausforderung, Diplomarbeit, Hamburg 1989
Tomasi, Giuseppe, Fürst von Lampedusa: Der Leopard. München 1988
Tucholsky, Kurt: Die Kunst, falsch zu reisen, in: Gesammelte Werke, Bd. 3, Reinbek 1960
Wagner-Winterhager, Luise: Jugendliche und Gewaltvideos, in: *Pädagogik*, 7–8, 1990
Weber-Kellermann, Ingeborg: Die Kindheit. Kleidung und Wohnen, Arbeit und Spiel. Eine Kulturgeschichte, Frankfurt / M. 1979
Winn, Marie: Die Droge im Wohnzimmer, Reinbek 1979.
– Kinder ohne Kindheit, Reinbek 1984
Winnicott, Donald Woods: Vom Spiel zur Kreativität, Stuttgart 1979
Wörle, Andrea und *Lutz-W. Wolf (Hg.):* Erstes Allgemeines Nicht-Reise-Buch, München 1990

Empfohlene Bücher

Diese Literaturliste ist eine subjektive Auswahl. Da es speziell und explizit zu dem Konsumthema nur wenige Titel gibt, habe ich die Auswahl erweitert um Geschichten, wie kleine und große Kinder zum Beispiel mit ihren Wünschen, ihren Sehnsüchten, ihrem Dicksein und ihren Suchtproblemen umgehen.

Bilderbücher

Baumann, Kurt, und Bernard, Jiri: Im Lande Televisien. Nord-Süd Verlag, Mönchaltorf und Hamburg 1989
Die Welt spaltet sich in Sportsendungs-Gucker und in Western-Zuschauer, in Turnschuhträger und Cowboyhut-Fans, bis sich zwei Jungen der verfeindeten Parteien einmal nackt (nämlich beim Baden) treffen und sich anfreunden…

Bolliger, Max, und Obrist, Jürg (Illustr.): Heinrich. Artemis-Verlag, Zürich und München 1980
Der kleine Prinz Heinrich besitzt alle Herrlichkeiten, doch er kann nicht weinen und nicht lachen, er leidet unter einer Spielhemmung und sehnt sich nach einem kleinen Kaninchen.

Hürlimann, Ruth: Die goldene Gans. Ein Märchen der Brüder Grimm. Nord-Süd Verlag, Mönchaltorf und Hamburg 1983
Die Geschichte von Dummling, der eine goldene Gans besitzt, an der alle habgierigen Erwachsenen klebenbleiben.

Innocenti, Roberto: Rosa Weiss. Alibaba-Verlag, Frankfurt/M. 1986
Die Geschichte eines kleinen Mädchens, das während des Nationalsozialismus sein Schulbrot mit den eingeschlossenen Kindern in einem KZ teilt.

Kordon, Klaus: «Am 4. Advent morgens um vier». Otto Maier Verlag, Ravensburg 1988
Eine ungewöhnliche, eine kritische Vorweihnachtsgeschichte

Kordon, Klaus: Die Reise zur Wunderinsel. Eine fast wahre Geschichte. Beltz und Gelberg Verlag, Weinheim 1983
Weil Silke krank ist, erfüllen ihr die Eltern ihren allergrößten Wunsch – mit einem Segelboot zur Wunderinsel zu fahren.

Krombout, Rindert: Räuberbär. Erika Klopp Verlag, Berlin 1990
Olaf läßt sich überreden, seinen geliebten Bär auf dem Flohmarkt zu verkaufen.

Kübler, Susanne, Stempel, Hans und Ripkens, Martin: Kuchen für alle. Orell Füssli Verlag, Zürich und Schwäbisch Hall 1986
Ein kleiner Junge mit viel zu großen Füßen muß sich durchsetzen und verspricht allen Kindern Unmengen von Kuchen.

Ludwig, Volker und Friesel, Uwe: Die Geschichte von Trummi kaputt. Rowohlt Taschenbuch Verlag, Reinbek 1973
In dieser Geschichte vom Spielzeug-Roboter lernen Kinder, daß es Dinge gibt, die mit Geld nicht zu haben sind.

McKee, David: Veronica spielt Violine oder: Macht und Ohnmacht klingender Kunst. Alibaba-Verlag, Frankfurt / M. 1987
Veronica fiedelt und fiedelt und wird reich und berühmt, aber doch nicht glücklich.

Müller, Jörg und Steiner, Jörg: Die Menschen im Meer. Sauerländer Verlag, Frankfurt / M. 1998
Die Welt besteht aus einer reichen und einer armen Insel. Die reichen Menschen lassen die Armen für sich arbeiten… wodurch eine Vielzahl von Problemen auf beiden Seiten entstehen.

Ross, Tony: Die Schmusedecke, K. Thienemanns Verlag, Stuttgart 1990

Lese- und Jugendbücher

Brandt, Heike (Hg.): Schönheit ist eine Frage der Beleuchtung oder Nicht nur Kleider machen Leute. Otto Maier Verlag, Ravensburg 1985
Sehr witzig und kritisch werden hier von 20 bekannten Jugendbuchautoren alle Facetten des Schönheitskultes angespro-

chen: das Modediktat und die Lieblingskleider von früher und heute, das Dick- und das Dünnsein, die körperlichen Mängel, die keine sind, und die übersehenen Pluspunkte.

Hautzig, Esther: Die endlose Steppe. Beltz und Gelberg Verlag, Weinheim 1986
Das polnische Mädchen Esther wird mit ihren Eltern während des Zweiten Weltkriegs nach Sibirien verschleppt, wo sie alle nur unter großen (materiellen) Entbehrungen und aufgrund harter Arbeit auch des jungen Mädchens überleben.

Krüss, James: Timm Thaler oder Das verkaufte Lachen. Als Ravensburger Taschenbuch Nr. 1567 im Otto Maier Verlag, Ravensburg 1987
Ein kleiner unglücklicher Junge glaubt, daß ihn nur Geld wieder fröhlich machen kann. Er schließt einen Vertrag, der ihm jedoch nur Ärger, Mißtrauen und Prügel einbringt.

Lehmann, Volker: Karl-Heinz hat's satt – von Magen, Darm und Knochenbau. Arena-Verlag, Würzburg 1984
Der dicke Karl-Heinz verändert sich und lernt dabei sehr viel über Ernährung und Biologie.

Nöstlinger, Christine: Nagle einen Pudding an die Wand! Oetinger-Verlag, Hamburg 1990
Koku schwimmt gegen den Strom und den Rest der Welt in Sachen Umweltschutz, gegen AKWs und für Schulmilch in Pfandflaschen, gegen Überfluß und Gedankenlosigkeit, gegen alle Konsumräusche der Erwachsenen und der Kinder.

Pressler, Mirjam: Nickel Vogelpfeifer. Beltz und Gelberg Verlag, Weinheim 1986
Nickel wünscht sich zum Geburtstag ein Rad. Als er es nicht bekommt, klaut er eines – doch Freude will nicht so recht aufkommen.

Pressler, Mirjam: Bitterschokolade. Beltz und Gelberg Verlag, Weinheim 1980
Die fünfzehnjährige Eva fühlt sich als Außenseiterin, weil sie dick ist. Nur schwer gelingt es ihr, ihre Probleme mit Freunden und Familie zu bewältigen.

Saint-Exupéry, Antoine de: Der Kleine Prinz. Karl Rauch Verlag, Düsseldorf
Ein Jugendbuchklassiker: Der Kleine Prinz spricht zum Beispiel darüber, daß man Freunde nicht kaufen kann und daß man sich Menschen und Dinge durch Aktivitäten zu eigen machen muß.

Schami, Rafik: Eine Hand voller Sterne. Beltz und Gelberg Verlag, Weinheim 1987
Der vierzehnjährige syrische Bäckerjunge würde zu gern zur Schule gehen, er muß jedoch seinem Vater helfen. Trotz großer Entbehrungen und materieller Not beschreibt er sehr poetisch sein faszinierendes und immateriell reiches und aufregendes Leben in Damaskus.

Siege, Nasrin: Sombo, das Mädchen vom Fluß. Beltz und Gelberg Verlag, Weinheim 1990
Sombo, eine junge Afrikanerin, wird erwachsen und muß sich mit Fragen und Problemen des Konsums und der unerfüllbaren Wünsche auseinandersetzen.

Wölfel, Ursula: Feuerschuh und Windsandale. Hoch-Verlag, Düsseldorf 1980
Ein Klassiker der Jugendliteratur: Ein Vater und sein siebenjähriger Sohn gehen auf Wanderschaft, genießen das einfache Leben und kommen sehr verändert wieder nach Hause.